認識正義

Justice

Center for Civic Education 原著
財團法人民間公民與法治教育基金會 策劃出版

國家圖書館出版品預行編目資料

認識正義 / Center for Civic Education原著；郭家琪譯.
　　--二版. -- 臺北市：民間公民與法治教育基金會，
　　2012.05
　　面；　公分
　　譯自：Foundations of Democracy：Authority,
　　　　　Privacy, Responsibility, and Justice
ISBN 978-986-88103-3-4（平裝）

1. 公民教育　2. 民主教育　3. 社會正義

528.3　　　　　　　　　　　　　101006418

認識正義

民主基礎系列

原著書名：Foundations of Democracy: Authority, Privacy, Responsibility, and Justice
著 作 人：Center for Civic Education（http://www.civiced.org）
譯　　者：郭家琪
策　　劃：黃旭田、張澤平、林佳範
法治教育向下扎根中心
顧　　問：賴崇賢、康義勝
諮詢委員：民間司法改革基金會代表：黃旭田、林佳範、高涌誠、洪鼎堯
　　　　　台北律師公會代表：李岳霖、黃啟倫、張澤平、謝佳伯
　　　　　扶輪代表：張廼良、周瑞廷、陳俊鋒、周燦雄
編輯委員：陳端峰、張澤平
責任編輯：許珍珍
出 版 者：財團法人民間公民與法治教育基金會　（104台北市松江路100巷4號5樓）
出版者電話：（02）2521-4258　傳真：（02）2521-4245
出版者網址：www.lre.org.tw

合作出版：五南圖書出版股份有限公司
發 行 人：楊榮川
地　　址：台北市大安區106和平東路二段339號4樓
電　　話：（02）2705-5066（代表號）
傳　　真：（02）2706-6100
劃　　撥：0106895-3
網　　址：https://www.wunan.com.tw
電子郵件：wunan@wunan.com.tw
法律顧問：林勝安律師事務所　林勝安律師

版　　刷：2012年 5 月二版一刷
　　　　　2020年11月二版六刷
定　　價：150元

認識正義——出版緣起

財團法人民間公民與法治教育基金會執行委員　張澤平律師

　　本書原著是美國公民教育中心（Center for Civic Education；http://www.civiced.org）所出版的「民主的基礎：權威、隱私、責任、正義」（Foundations of Democracy：Authority、Privacy、Responsibility、Justice）教材中，適用於美國3至5年級學生的部分。原著的前身則是美國加州律師公會在1968年，委託設於加州大學洛杉磯分校（UCLA）的公民教育特別委員會，所發展的「自由社會中之法律」（Law in a Free Society）教材。教材的發展集合律師及法律、政治、教育、心理等專業人士共同開發而成，內容特別強調讀者的思考及相互討論。原著架構歷經將近四十年的淬鍊，目前已廣為世界各國參考作為公民教育、法治教育的教材。出版者有感於本書的編著結合各相關專業領域研發而成，內容涉及民主法治社會的相關法律概念，所舉的相關實例生動有趣，引導的過程足以帶動讀者思考，進行法治教育卻可以不必使用法律條文，堪稱是處於民主改革浪潮中的台灣社會所不可或缺的公民、法治、人權、品德教育參考教材，因此積極將其引進台灣。

　　這本書的主題——「正義」，是民主法治國家所有制度奠基的基礎。雖令人感到抽象不易掌握，但透過本書所舉的實例及相關問題，可令人進一步掌握其內涵。書中鮮少有空泛的論述，取而代之的是一個一個發生在社會中的實例及問題，以及解決問題的思考工具（Intellectual Tool）。書中從不直接提出問題的答案，而希望師長帶著學生或讀者彼此之間，在互相討論的過程中，分享、思考彼此的想法，進而紮實的學習領會書中所討論的觀念。討論過程不僅可使這些抽象觀念更容易內化到讀者的價值觀裡，更可匯集眾人的意志，進而訂定合理的規範，是民主法治社會中最重要的生活文化。（歡迎讀者至法治教育資訊網www.lre.

org.tw參與討論）

　　引進本書其實也期望能改變國內關於法治教育的觀念。不少人認為法治教育即是守法教育，抑或認為法治教育應以宣導生活法律常識為主。然而，如果能引領學生思考與法律相關的重要概念或價值，則遵守法律規範，當是理所當然的結果。懂得保護自己權益的人，當然也應當尊重別人的權益，瑣碎的法律規定應當不必耗費大多數的課堂時數。由此當更容易理解，法治教育應對施教的素材適當的設計揀選，才能夠達到事半功倍的效果。此外，無論法治教育的施教素材為何，也應當都是以培養未來的公民為目標。過度強調個人自保的法律技巧，並無助於未來公民的養成，當非法治教育的重要內涵。現代法律隱涵著許多公民社會所強調的價值，例如人權、正義、民主、公民意識、理性互動等等，都有待於我們透過日常生活的事例加以闡釋，以落實到我們的生活環境中。未來能否培養出懂得批判性思考的優質公民，已成為我國能否在國際舞台上繼續保有競爭力，以及整個社會能否向上提昇的重要挑戰。

　　自2003年起，民間司法改革基金會即與中華扶輪教育基金會、台北律師公會共組「法治教育向下扎根特別委員會」，並由台北律師公會與美國公民教育中心簽訂授權合約，將其在美國出版的「民主基礎系列叢書－權威、隱私、責任、正義」系列出版品（含適用於美國2年級之前，及3至5年級學生之教材及其教師手冊）授權在台灣地區翻譯推廣，執行多年來，已在多所國小校園內實施教學，並榮獲教育部國立編譯館94年度、95年度獎勵人權教育出版品之得獎肯定。我們衷心期盼本書的出版能普遍喚起國人重視人權及民主法治的教育問題，並提供國民中學一套適當的教材，期待各界的支持與指教。（教師讀者若須索取本書的教師手冊，請另洽五南圖書）

張澤平

教育工作者在輔導管教學生行動中應有的理念

臺北市立教育大學教育行政與評鑑研究所教授　吳清山

「作為一個教育工作者，不能只有行動而沒有理念」，那麼我們該用什麼理念來回應學校場域中有關「權威、隱私、責任、正義」等問題呢？我的好朋友黃旭田律師負責的「民間司法改革基金會法治教育向下扎根中心」所出版的「民主基礎系列叢書－權威、隱私、責任、正義」就提供大家許多有意義的「理念」。

首先，「權威」通常就是大家公認為應該要接受的，它常以「領導人」與「規則」方式呈現。而討論「領導人」，要問的是「這是什麼職位」、「需要什麼能力」、「有多大的權力」？老師就是班級裡的領導人，負責教導學生「知書達理」，也就是幫助學生學讀書也學作人，如果學生作錯或是沒有作好，好的老師要有耐心，有好的EQ，才能循循善誘。

老師對學生的偏差行為依法是有「輔導管教」的義務與責任，但界限在那裡？這就涉及「權威」的另一個概念：「規則」，人類社會的規則中最清楚（明文）而且完整的就是法律。廣義的法律尚包含法規命令，甚至行政規則與釋示，目前除教育基本法明文規定老師不可體罰外，「公立高級中等以下學校教師成績考核辦法」更明文規定「違法處罰學生」、「不當管教學生」依情節要給予記大過或記過處分！然而我們不應該只是因為「畏懼」法律而不去「體罰」學生，更重要的是包括老師在內的每一個領導人都應該了解自己的「權威」有其界限，否則就會變成「濫權」！

其次，有關於老師的「責任」，這也絕對不只是「因為規定要記過就記過」！大家要了解，責任的承擔固然常常來自法律或命令，但更多數時候是來自「承諾」，老師應聘時都會簽署一份「聘約」，聘約上都載明要「遵守教育法令與學校規章」，老師既然應聘就是同意聘約上的要求，如果作不到，當然要負起

責任！固然現在的孩子調皮不好教是事實，但是「十年樹木，百年樹人」，學生好教，何必要老師？好的老師應該信守承諾，承擔責任。

其實教師體罰發生時，學校面對老師與家長沒有理由去偏袒任何一方，這就是「公平」，而公平就是「正義」，在「正義」的概念裡除了「分配正義」、「匡正正義」還有「程序正義」，學校在處理體罰事件中，如果更小心處理，就比較不會被質疑公正性。學校是一個教育場域，應該要有更多的包容與尊重，學校既然接納許多學生，風吹草動都會受到社會矚目，因此學校與老師對相關的程序如果能更慎重小心，確保「程序正義」，相信就不致於讓家長對於「匡正正義」的結果感到不放心。

最後談到「隱私」，很多人以為只是「保密」而已，其實保護個人資訊不讓不相干的人知道，當然是「保密」（資訊的隱私），但「隱私」的觀念不僅止於此，它更包含「不被觀察」（觀察的隱私）、「不受干擾」（行為的隱私）。有時候家長因體罰事件決定孩子轉學，讓孩子換個環境，除了有助於減輕孩子創傷的後遺症以外，也有助於孩子「不受觀察」與「不受干擾」。我更希望媒體不要一陣子就跑去報導一下「昔日受暴的孩子現在……」，在資訊自由的同時，也請給孩子多一點隱私吧。

這套書真的很棒，幾個很清楚的概念就可以幫助老師們在教育現場有正確的理念去採取適當的行動。另一方面，這套教材強調討論，更令我讚賞，因為教育的本質原本就是多元性、獨特性與價值性，因此在沒有標準答案的這套教材裡，我看到實踐教育111——「一個都不少」和「不放棄每一個學生」的可能性。所以我樂於向老師推薦！

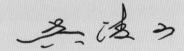

沒有標準答案的真實世界

荒野保護協會榮譽理事長　李偉文

　　大部分人從十一、十二歲開始進入前青春期，一直到十五、六歲為止，大致算是處在「情緒的風暴期」，覺得誰都不了解他，也看什麼都不順眼，從大人的角度而言，這個階段的孩子好辯，挑剔，挑戰權威，為反對而反對。

　　大人或許要了解，叛逆其實是正常的，甚至是必要的，因為叛逆是一切開創的源頭，沒有叛逆，只有依附與屈從，一切的創造與獨立就不容易發生。因為這個階段的孩子是從受父母百分之百照護之下的兒童，跨到獨立自主的成年人的過渡時期，渴望又害怕脫離家庭；在身體快速成長中，有許多狀況是他們自己不了解也無法掌控的。比如說，控制理性思考與行為的大腦前額葉尚未發育完成，往往由負責情緒活動的杏仁核來掌握行為表現，因此在理智上，青少年知道打人不好，飆車吸毒也都不好，杏仁核卻驅使他們去做，並獲得情緒上立即的滿足。

　　當我們了解這個過程時，也就能真正體會到這套「民主基礎系列叢書」的重要性。因為書裡面沒有青少年最厭惡的「道德教訓」，當大人在台上說一些自己也做不到的規範時，若孩子認為如此的成人是「偽善」時，只會加速把他們推向另外一國，形成彼此無法理解的世界。

　　因此，我覺得這套書最棒的地方是，書裡面沒有告訴我們標準答案，指導我們該怎麼做，只是丟出一個又一個我們在生活中會碰到的真實情境，勾起孩子的興趣之後，再引導他們如何去思考。書裡提供了一套思考的工具，也就是一組想法和問題，透過這些問題來引導他們學會「辨別」、「描述」、「解釋」、「評估立場」、「採取立場」、「為立場辯護」等等合乎邏輯的技巧運用，幫助我們在不同情境之下做決定並採取行動。

　　總是覺得台灣的老師或家長最大的問題就是事事都要給孩子一個標準答案去

遵循才會安心，也才會甘心，偏偏這剛好就是孩子眼中最討厭的教條與威權。其實若是我們承認在這個不斷變動且愈來愈複雜的世界裡，沒有簡單或固定不變的答案，但是我們還是可以透過這些思考的工具，共同討論出一個在目前情境下比較適切且符合大多數人利益的做法。只有大人懷抱著這種開放且多元的心態願意與孩子對話時，公民教育才有可能真正的落實，民主的素養才有可能養成。

這套書裡提供的許多故事，雖然區分為認識正義、認識隱私、認識責任、認識權威四冊，但不管是那一冊那一個故事，其中都包括了許多觀念與價值必須釐清與討論，彼此也許有衝突，在輕重緩急之下也必須要有取捨，讓孩子了解在不同社會不同情境之下或許會得出不同的解決方案，跟我們所處的真實世界是一樣，其實是沒有永世不變的標準答案。這套書裡的故事不管是老師在課堂上或家長在家裡或社區裡，都非常適合和孩子們一起演出來，透過這些擬真的情境，讓孩子從理智的認知，有機會進入到身體動作與情緒的激發，內心有感受有體會才會回應到行為習慣與價值觀的形成。

仔細看完這套叢書之後，心中最大的遺憾是許多大人在學生時代沒有上過這套課程，尤其是那些原本應該是孩子學習典範的立法委員或在電視上夸夸而談的名嘴。

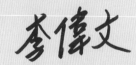

「有禮貌、更講理」的魔力種子在萌芽

財團法人蔚華教育基金會前董事長　許宗賢

　　在一次民間司法改革基金會法治教育向下扎根中心的會議中，有位從事法治教育推廣的種子教師分享了一個親身的小故事，一群原本課後在便利商店會橫衝直撞的孩子們，在上過一系列法治教育課程之後，老闆不可思議的對老師說這群孩子最近變得「有禮貌、更講理」了！這個分享令在場的我們不禁莞爾，同時也深感欣慰，這不就是法治教育、向下扎根的目標嗎？

　　法治來自我們生活中的大小事，從生到死，都與每個人的生活、工作密不可分，而非單純只是在「生活與倫理」或是「公民與道德」這類教科書的單向學習裡。民間司改會法治教育向下扎根中心引進美國公民教育中心的「民主的基礎：權威、隱私、責任、正義」教材，客製化出版了適合我們自己的民主基礎系列叢書。在不一定有標準答案的世界裡，以民主法治社會的相關法律概念為核心，將人類共同生活中所面臨的問題作為範例，引導孩子們做不同的學習，多面向地思考問題所在，運用法治基礎概念和技巧，找尋線索，分析資訊，經由團隊討論，進行各種考量，共同歸結出一個解決問題最適當的方法。這一連串運用生活案例的思考和練習，不但過程有趣，沒有繁瑣死記條文的負擔，無形中，不僅習得法律相關概念，了解公民的權利與義務，懂得表達自己的見解，同時也能傾聽並接納他人的看法，法治教育與民主素養已悄然扎根。

　　對於法治教育向下扎根才能培養承擔責任的下一代公民觀念十分認同的我，除了肯定這套教材的出版與近期重新編修的用心外，更對種子教師的培訓和發展給予支持。感謝身為教育第一線的教師們在課程上引導孩子們進行互動式的參與，刺激更多主動學習的欲望；同時，我也鼓勵家長們利用機會教育，運用本書

作為親職教育與討論溝通的題材。在台灣民主發展前行的寶貴歷程中，我們都有機會為將來一個講理、法治的社會散播公平、正義的種子。

具體深入又生活化的品格培育

台灣師範大學人類發展與家庭學系教授　黃廼毓

　　前陣子有機會認識一位年輕人，閒聊間，我們談到職棒打假球事件，我告訴他，這個新聞令我覺得很難過，有被欺騙的感覺，對球員的品德感到失望和悲哀，也不知道以後還會不會喜歡看棒球賽。

　　相對於我的不勝欷噓，他說：「這不是他們的錯，我們職棒選手的待遇比起美國來太低了。」

　　「可是他們本來就知道他們所選擇的工作就是這樣的待遇啊，何況比起一般人，他們的薪水也不低。」

　　「哪個人不想過好一點的生活，職棒選手能打球沒幾年，能撈錢就得把握機會。」他還是認為打假球是情有可原。

　　我看著他認真的為球員「設身處地」，心裡很惶恐，這位看起來前途無量的青年，雖然坦白，他的價值觀卻令我懊惱。

　　還有一個推甄進入國立大學的年輕人，當人家向他討教推甄經驗，他輕鬆的說：「唉呀，都是我媽和她的助理幫我弄的啦！」在他人的瞠目咋舌中，他似乎覺得別人太大驚小怪，媽媽是教授，為什麼不能「善用資源」呢？

　　以上是我經常遇到的例子之一小部分，我們有很聰明的年輕人，他們努力的追求成功和卓越，也都具備不錯的能力，卻在學習過程中，因著缺乏法治的觀念，無法辨別是非，即使隱約中有來自良知的聲音，卻往往敵不過似是而非的世俗價值觀。如果這些人成年後有了地位或權力，掌握了社會資源，卻因道德判斷力的偏差，不但可能殃及無辜，還可能身敗名裂。而這些品格和法治觀念的形成，非借重教育的力量不可。

　　然而，這些年來教育界成了過街老鼠，顯示民眾對教育功能的期望落空，有

人歸咎於社會風氣敗壞，有人怪罪家庭功能不彰，家長放棄管教，當然也有人指責學校的師長沒有發揮專業的影響力。在抱怨聲中，我聽到的是：我們多麼期望教育能真正切中我們的關鍵需求，讓全民的生命品質能提升。

法治教育向下扎根中心所推廣的《民主系列叢書》少年版，其教學理念與設計，是以學生學習及培養討論思辨為核心，教師引導為輔的書籍。這套叢書提供了一套很精闢又有趣的課程，談的內容是每一個人都應該要學習的，例如正義、責任、隱私、權威等，一般視為品格或品德，然而品格強調的是內在修養，殊不知藉著法治教育可以導正我們社會的人情，使之能發揮正確的功能，也藉著法治教育，讓品格的培育可以具體化、深入每個人實際的生活中。

青少年在成長過程中，能有這般的學習機會，應該可以培養出正確的法治觀念，而且因為經過自己的思考，所建立的觀念就不會輕易受到外界的污染而改變。

希望有一天，會打球的就好好打球，發揮上天給他的天分，享受練球的辛苦和賽球的刺激，而我們不會打球的人可以開開心心看球賽！

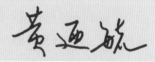

對話正義

國安會秘書長　顧立雄律師

　　法律作為社會實踐的工具之一，其主要意義在於實現正義，但什麼是正義？對正義的詮釋涉及該群體社會成員就不同類型正義所要達成的目標與價值是否具有共識。如果欠缺共識，就無法進行對話，也無從討論達成該目標與價值的實質有效手段為何，如此將導致群體社會中用以實踐社會正義的主要工具即法律不知如何妥適制定。是以，不同類型正義的價值與目標何在，應該是群體社會中每位成員均要參與討論確立的。藉由民主程序討論，理解不同類型正義的內涵與價值，再透過對該價值的體認，取得該等正義所要達成目標的共識，並以此社會共識為基礎，理性探討應該採取何等手段包括政策、措施、法令，才能夠有效達成該共識目標，體現正義的價值。此等思辨係維繫民主社會運作非常重要的基石，特別是在價值選取上具高度爭議的議題絕對有其必要與意義。

　　民主基礎系列叢書提供完整素材用作上開討論，若能持續推廣，其影響將極為深遠。在「正義」一書中，我們可以學習與討論分配正義、匡正正義與程序正義等三種不同類型正義所涵攝的價值以及所要達成的目的，我們歡迎在討論的過程中對於任何涉及公平與正義的問題提出所有可能的質疑。教材本身只在提出想法，激發討論，當大家都能理性辯證，對何謂社會正義取得共識也就不難了，死刑議題不也正是如此！

前言

有效的公民教育方案的特徵

有效的公民教育方案，因為至少四項特徵而顯得與眾不同：

■ 學生彼此間有大量互動。強調學生間互動和合作學習的教學策略，對於培養公民
參與技巧和負責任的公民至為關鍵。這類教學策略的例子包括：小組合作、模仿、
角色扮演和模擬法庭等活動。

■ 內容需具現實性，且能平衡地處理議題。現實地與公平地處理議題，是有效的公
民教育的必要元素；針對爭議的各個層面進行批判性的思考，亦同樣不可或缺。
假如上課時我國的法律和政治體系被描述得彷彿完美無缺，學生會懷疑老師說話
的可信度和課本內容的實際性。相反的，如果課文只列出這兩個體系失敗的例
子，則會導致學生不大相信這兩個體系可用於維持社會的秩序和公平。是該尊重
法律和政治體系，還是針對特定案例中體系的適用情況提出建設性的批評，兩者
間應該取得平衡。

■ 運用社區資源人士參與課程進行。讓學生有機會與工作於我國法律和政治體系內
的各種成人角色典範互動，能使上課的效果更好更真實，對於培養學生對於法
律和政治體系的正面態度，亦有很大的影響力。在課堂之中善用專業人士的參與
（如：律師、法官、警察、立法者等等），能有效提昇學生對公民應有表現相關
議題的興趣，使得學生對老師和學校有正面的回應。

■ 校長和其他學校重要高層對公民教育堅決支持。要在校內成功推行公民教育，必
須得到學校高層的強烈支持，尤其是學校校長。學校高層採支持的態度，有助於
公民教育的實施，他們可以安排活動讓同儕之間能夠相互激勵、獎勵有傑出表現
的老師、協助老師對校外人士說明教育計劃的內容和制訂這些計劃的根據，以及
提供相關人員在職訓練的機會，以取得實踐公民教育計劃所需的知識和技能。此
外，要成功施行公民教育，老師及其同事對此持正面態度是非常重要的。

成功的公民教育方案會引導學生積極參與學習過程，以高度尊重學生作為一個個人的方式來進行。反思、省思和論述，會被重視且有計劃地達成。知識和人格的培養是同時並進的，而在我國的憲政民主體制內，此二者對於培育出負責任的公民同樣重要。我們在規劃時即致力於將上述重要特點納入民主的基礎系列課程中。

民主的基礎系列的課程理念

規劃這個民主的基礎系列課程，是基於一項根本假設，亦即教育能讓人更能也更有意願表現出知書達禮、認真負責的行為。因此，教育機構必須扮演協助學生的角色，讓他們更懂得為自己做出明智的選擇，學習如何思考，而非該思考些什麼。在自由的社會中，灌輸式的教育方式並不適合教育機構採用。

成立公民教育中心是基於一種信念，亦即以上述觀念為基礎的課程所提供的學習經驗，有助於教化學生，使他們願意理性而全心地投身落實各項原則、程序和價值觀，而這些正是維繫及提昇我們的自由社會所必須。

課程目標

民主的基礎系列課程是設計來：

- 促進對於我國憲政民主制度及這些制度據以建立的基本原則和價值觀的了解
- 幫助青少年培養成為有效能而能負責的公民所需的技能
- 增加對於作決定和處理衝突時，能運用民主程序的認識與意願，不論其是在公或私的生活中

藉由研讀民主的基礎系列課程，學生能發展出辨識需要採取社會行動問題的能力。他們會被鼓勵透過具知識性的問題探究，而能接受隨著享受公民權利而來的責任；一個

前言

建基於正義、公平、自由和人權理想的社會是否得以存續，這些責任即係關鍵所在。

課程組織

　　民主的基礎系列課程不同於傳統式教材，焦點並非放在事實、日期、人物和事件。相反地，它是放在對於了解我國憲政民主制度極為重要的觀念、價值和原則。這套課程以四個概念為中心：權威、隱私、責任及正義，這些概念構成了公民價值和思想的共同核心的一部分，是民主公民資質理論與實踐的基礎。這些概念並不連續或彼此互不相連，且有時會相互牴觸。這些概念可以有許多不同的解釋，就像所有真正重要的觀念一樣。

　　老師可以在課堂上講授民主的基礎系列課程全部的內容，也可以選擇與學校或地區一般課程目標和學習成果有關的特定觀念來傳授。教導這些概念毋須按照任何特定順序，然而，假如你選定某一課教授，頂多只能完成該課之目標，而無法達到整個單元或概念的目標。

　　這套課程的四個概念各分成四個單元來探討，每個單元都是在回答一個與相關概念的內容和應用有關的根本問題。以下簡述每個概念的四個單元：

正義

第一單元：何謂正義

　　　　這個單元有助於學生了解正義相關問題可分成三類：分配正義、匡正正義和程序正義。學生學會如何分辨這三種正義問題，並解釋為什麼辨別這三種正義間的差異是十分重要。

第二單元：分配正義

　　　　這個單元有助於學生明白何謂分配正義，以及社會中個人和團體之間利益

或負擔的分配是否公平。學生了解所謂的利益可能包括：工作的薪餉、發言或投票的權利；負擔則可能包括：做家庭作業或納稅等責任。學生學到一套能有效處理這類議題的步驟。

第三單元：匡正正義

這個單元讓學生了解何謂匡正正義，以及如何公正或適當地針對錯誤和傷害做出回應。學生學到一套能處理這類議題的有效步驟。

第四單元：程序正義

這個單元幫助學生了解何謂程序正義，以及用來蒐集資訊及決策的程序是否公平。學生學到一套能有效處理這類議題的步驟。

責任

第一單元：責任的重要

這個單元幫助學生了解責任對個人和社會的重要性。學生檢視責任的來源，以及履行和不履行責任可能導致的結果。

第二單元：負責任的益處與代價

這個單元讓學生明白履行責任可能會產生某些結果。有些結果是好處，有些則是壞處。學生學到在決定哪些責任比較重要，應該加以履行時，懂得辨別利益和損失是很重要的。

第三單元：如何選擇該負的責任

這個單元有助於學生了解我們常面臨相衝突的責任、價值和利益。學生學到一套步驟，可用於理智抉擇哪些責任應該履行，以及哪些價值和利益是應該追求的目標。

第四單元：誰該負責任

學生自這個單元學到一套步驟，可用於評估和判斷某項事件或情況應該由

誰負責，決定誰應該受到讚揚或責備。

權威

第一單元：何謂權威

　　學生學習權力和權威間的關係，研究權威的各種來源，並藉由分析缺乏或
濫用權威的情況，來建立對權威面向的認知。然後他們探討可以怎麼睿智
而有效地處理這類情況。

第二單元：評估權威職位的人選及規則和法律

　　學生學習必要的知識和技能，而能在面臨與規則或俱權威職務者有關的問
題時，做出有根據而合理的決定。

第三單元：運用權威的益處與代價

　　學生了解每次權威的行使，必定會為個人和社會整體帶來某些益處和代
價。了解權威所產生的利益和損失是必要的，懂得分辨兩者能幫助我們決
定是否要運用權威。

第四單元：權威的範圍與限制

　　這個單元讓學生懂得如何檢視權威職位，判斷這些職位的設計是否恰當，
也要了解該如何設計權威職位，才能確保權威不會超過原先規定的範圍或
被濫用。

隱私

第一單元：何謂隱私

　　這個單元有助於學生界定何謂隱私，了解隱私的重要性，辨識及描述不同
情況中一般被視為隱私的事項，並分辨有隱私和沒有隱私的情況。

第二單元：保有隱私行為不同的原因

這個單元有助於學生了解，造成個人隱私行為不同的因素或要素。學生學到雖然所有文化當中都有隱私這個概念，但無論在單一文化中或不同文化間，個人的隱私行為常有所差異。

第三單元：保有隱私的益處與代價

這個單元幫助學生了解保有隱私會產生某些結果，有些結果是利益，有些則是代價。學生也會學到不同的人對於特定情況下隱私權是否應受到保障，可能有不同的想法。

第四單元：隱私的範圍與限制

這個單元有助於學生明白身為公民必須面對許多重要議題，其中最重要的一些議題與隱私的範圍和限制有關。我們會允許人們在哪些事情上保有隱私？什麼時候隱私必須為了其他的價值而有所犧牲？

　　民主的基礎系列課程雖然本質上是在講述概念，但實際卻是以學生的日常經驗為基礎。這套課程的獨特之處，在於幫助學生了解他們的自身經驗與社會和政治大環境之間的關係。

　　這套課程在設計上可融入歷史、政府制度、其他社會科或包括語言學之一般人文課程中。

　　「民主基礎系列」介紹構成憲政體制政府的四個概念：權威、隱私、責任與正義。讓我們明瞭這些概念，知道這些概念的重要性。

　　要了解政府據以建立的原則，當然並不是只懂得權威、隱私、責任與正義等概念就已經足夠，不過這幾個概念將有助於我們明白憲政民主與不自由社會間的重要差異。

　　我們將會學到民主社會的一些核心價值，我們必須付出一些代價，甚或承擔一些責任。我們也會知道，很多時候我們必須在相衝突的價值及利益之間做出困難的選擇。

　　我們將有機會針對運用權威與保護隱私的情況加以討論，也會有機會根據不同的情況，決定應該如何履行責任和實踐公平正義。

　　我們會學到各種用以評估這些情況的做法和觀念，也就是本書所謂的「思考工具」。有了思考工具，我們在面臨權威、隱私、責任與正義的相關問題時，就能想得更清楚透徹，形成自己的立場，並提出支持自己立場的理由。

　　我們所習得的知識和技能，將有助於我們面對日常生活中，絕大多數的情況。而藉由獨立思考，做出自己的結論，以及為此立場來辯護，我們就能在自由的社會中扮演更有用、更主動的公民角色。

Justice 認識正義

課程簡介

　　「不公平！」、「怎樣才算公平！」？有多少次，我們說過諸如此類的話。當我們說到跟公平有關的問題時，也就等於談到正義。

　　這本書談的是有關公平和正義的問題。因為「公平」這個詞比較常見、使用率比較高，但其實公平和正義所要談的差不多是同一件事。

　　在日常生活裡到處可以遇到正義的問題。在我們的家庭、學校、社區當中，幾乎每天都會碰到與公平有關的一些問題。

　　我們如何判斷某一件事情公不公平呢？有時候很容易。例如，如果有人偷了你的書，大家都會同意這人必須把書還給你，也可能會認為懲罰偷你書的這個人很公平。

　　但有些時候，要分辨公不公平很不容易。這本書就是要幫助同學們學習如何檢視這些問題，並且為公平或正義的難題找出解決的方法。同學們會學習運用「思考工具」來幫忙找答案。「思考工具」是有助於我們在檢視問題及作決定時的一組觀念和問題。當生活中發生正義的難題時，「思考工具」可以幫助我們做出適當的決定。

UNIT 1

● 從這些圖片中，你可以看出哪些與正義相關的問題？

單元目標

　　公平和正義談的其實差不多是同一件事，在這個單元中，我們會將公平的問題大致分成三種類型——分配正義、匡正正義，以及程序正義。我們需要運用不同的概念、問題或「思考工具」，來協助我們解決每一種正義的難題。

　　在第二到第四單元中，同學們將學到更多與正義問題相關的「思考工具」知識。但首先，我們必須先學習辨認三種不同的正義問題。

▌第一課　三種不同的正義類型

本課目標

　　在這一課，同學們將學習檢視及討論三種不同的正義問題。上完這一課，大家應該要能分辨這三種正義的問題並舉例說明，也應該能說明為什麼必須將正義問題分為三種。

本課新名詞

分配正義　匡正正義　程序正義

解決問題

從以下的故事中，找出不同的正義問題

　　「小柯學正義」是一個發生在早期的美國西部的故事。這個故事的目的是幫助同學們學習分辨三種不同的正義問題。以下是故事的第一章，同學還會在其他單元中讀到後續的故事。

　　請同學們分組，一同仔細研究故事內容，再回答《仔細想想》的問題。

小柯學正義（一）

從前，美國西部有一個小鎮，小柯是鎮上的警長，他對公平的看法與一般人不同。有一次，小柯想要徵求一名副警長，貼出的告示上寫著：「誠徵副警長，只有女人可以應徵。」很多男人說：「為什麼只有女人可以應徵？我們也可以呀！我們的能力沒問題。」

● 不讓男人應徵副警長，是否公平？

小柯對這件事的回應是：「我就是不要男的副警長。女人的工作能力比較強。」有些鎮民覺得只因為是男人，就沒有機會擔任副警長實在不公平，於是向小柯提出抗議：「不公平！」

當時，美國的城鎮多半都很小，鎮與鎮之間相隔一段距離。法官每個月大概會到鎮裡一兩次，決定如何處置違法的鎮民。由於小鎮沒有法官，警長有時也要充當法官。

有一次，小柯逮捕了一個十歲的男孩，罪名是偷了一顆糖果。他判決小男孩一年的有期徒刑，並且把他關進成年人的監牢裡。另一次，小柯則因一個女

的銀行搶匪承諾永不再犯，就只判決罰她二十元了事。鎮民對此議論紛紛地說：「小柯好像完全不清楚，犯什麼罪該判怎樣的刑罰才恰當？」

● 小柯試著找出誰是搶劫貨運馬車的劫匪，但他用的方法公平合理嗎？

有一回，小柯為了找出搶劫運貨馬車的嫌犯，他居然去搔一名囚犯的腳底，逼他承認是他犯下那個搶案的罪行。小柯搔得很賣力、時間又很長，害得那名囚犯差點笑到斷氣。

小柯做決定的方式也不公平。以下是有一天法官到小鎮時，小柯與其他人在法庭上的對話內容。

律師：「法官，總共有五個證人作證，小班當時並不在犯罪現場。」

法官：「那麼，小柯警長，你為什麼要逮捕他呢？」

● 鎮上有人犯罪，小柯決定該逮捕誰的方式公不公平？

小柯：「因為他看起來像壞人啊。」

法官：「小柯警長，你這樣做不公平喔！」

於是，鎮長跟鎮民代表會只好召開鎮民大會來解決這個難題，他們也請小柯出席這場會議。

鎮長說：「小柯，我們都很喜歡你。可是你必須學著公平點。」

鎮民紛紛附和道：「是啊，你可以學著公平點的，小柯。」

小柯說：「我並非完美無缺的人，我要做出這些決定也不容易。但我會試著改變，我想成為美國西部最公平的警長！」因此，小柯決定找出到底該怎樣才算公平的作法。

仔細討論

1. 小柯做的哪些事不公平？為什麼不公平？
2. 檢查你所列出小柯不公平的行為，看看是屬於以下哪一項？
   - 在一群人中公平分配某些事物
   - 以公平方式糾正錯誤或傷害
   - 以公平方式蒐集資訊並做出決定

學習重點1

正義問題有哪三種類型

　　在「小柯學正義」的故事裡，我們看到三種與正義有關的類型。首先，小柯只准女人應徵副警長，不符合正義原則。對於在一群人當中能公平的分配事物，我們稱之為「分配正義」。

I. 以下情況中，有可能產生哪些「分配正義」的問題？
   - 看哪個電視節目
   - 參加球隊的資格
   - 在學校裡考試的計分方式
   - 工作薪資的發放
   - 擁有選舉的投票權

分配正義

以公平合理的方式分配事物。這些事物可能是利益，也可能是負擔。

● 如果一項工作做得很好，如何公平的決定每個人應得多少報酬？

在「小柯學正義」的故事裡，一個十歲的小男孩只因為偷了一顆糖果，小柯就判處他一年徒刑，公正性當然也有問題。對於糾正一件錯誤或傷害的方式，是否公平的問題，我們稱之為「匡正正義」。

匡正正義

以公平合理的方式回應錯誤或傷害。

2. 以下情況中，有可能產生哪些「匡正正義」的問題？

- 有人違背承諾
- 有人考試作弊
- 有人打破別人的東西
- 有人傷害到別人

在「小柯學正義」的故事裡，小柯為了查出是誰搶劫運貨馬車，而搔一名囚犯的腳底來蒐集資訊，顯然違反了公平原則。此外，小柯只因為某個人看起來不像好人就把他逮捕，也明顯違反了公平原則。是否用公平的方式蒐集資訊及作決定的問題，我們稱之為「程序正義」。

程序正義

用公平合理的方式蒐集資訊，並做出決定。

● 如何讓被控告犯錯的一方，提出自己的說法，才算公平？

3. 以下情況中，有可能產生哪些「程序正義」的問題？
- 老師想找出是誰在玩遊戲時帶頭打架
- 警察想找出是誰打破學校的窗戶
- 班上想決定下課時間玩什麼遊戲
- 法官想決定某個人是否有罪

解決問題

從以下的例子，找出三種正義問題的類型

請班上同學分組，一起討論並決定下列的每一種情況，是否會引起「分配正義」、「匡正正義」或「程序正義」的問題。然後，回答《運用所學技巧》中的問題。

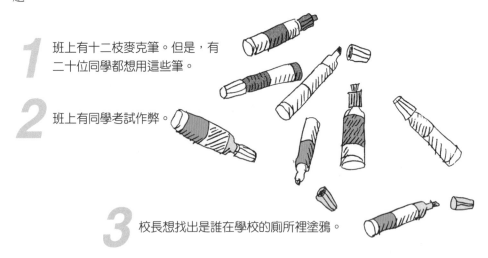

1 班上有十二枝麥克筆。但是，有二十位同學都想用這些筆。

2 班上有同學考試作弊。

3 校長想找出是誰在學校的廁所裡塗鴉。

4 你們班上必須決定：春季園遊會時，每個人得出多少錢。

5 學校要給各班五萬元經費，同學必須決定用來買書，還是添購電腦？

6 下課時，班上有一名同學玩球，不小心打破了一扇窗戶。

● 有人犯錯時，怎麼處理才算公平？

運用所學技巧

1. 以上每一種情況裡所描述的問題是屬於「分配正義」、「匡正正義」，還是「程序正義」問題？請說明理由。
2. 在每一種情況中，要怎麼做，可能比較公平？
3. 你的學校裡可能發生哪些和這三種正義類型有關的問題？

學習重點2

為什麼正義問題有三種類型

　　同學們已經了解我們把正義的問題分成三種類型：「分配正義」、「匡正正義」，以及「程序正義」。下一步我們需要知道所考量的問題是屬於那一種類型的正義問題。想要解決不同類型的正義問題，就必須運用不同的概念和提出不同的問題。因此，接下來我們要學習的就是如何運用這些概念和問題。

活用所知

1. 從電視、廣播或網路的新聞報導裡，找出本課所提到的三種正義的問題類型，並與班上同學分享你的心得。

2. 畫出生活裡曾發生與正義有關的狀況，與班上同學分享你的作品。

3. 跟同學合寫一首有關如何解決生活裡公平正義問題的歌曲，然後唱給班上同學聽。

4. 閱讀圖書館中有關正義的短篇故事，寫一份有關故事中提到的問題及解決方式的報告。

MEMO

第二單元：分配正義

●你可以在這些插圖中，找到哪些「分配正義」的問題？

單元目標

　　同學們在上一課已經了解正義的問題分為三種類型：「分配正義」、「匡正正義」、「程序正義」。這個單元的研討重點是「分配正義」，也就是在一群人當中如何公平合理的分配事物。我們除了介紹概念、問題、思考工具，來幫助同學們了解如何解決「分配正義」這類的問題之外，還會讓大家有機會練習使用相關的「思考工具」。

第二課 分配正義問題的基本概念（一）

本課目標

在這一課，我們將檢驗與「分配正義」相關的問題，並學習一些新觀念，如利益、負擔、相似原則等，以協助解決這類問題。

本課新名詞

利益 負擔 相似 差異

何謂分配正義

我們已經知道「分配正義」是指在一群人中公平合理的分配某些事物。而所要分配的事物可能是成績、獎賞、懲罰、工作，或稅金等等。我們可以把要分配的事物分為「利益」及「負擔」兩大類。「利益」是大部分人都想要的事物。例如，獎勵、報酬、教育、工作、假期等；「負擔」通常是必要的，但是有時我們寧可不要的事物。例如，家事、稅賦、刑罰、懲罰等。

以上這些名詞，可以增進我們對「分配正義」的了解。我們也可以把分配正義說成：公平合理的分配一群人的利益與負擔。

> **利益**
>
> 指有益處的事情或好處，可以滿足某種需要或欲望。

> **負擔**
>
> 指不利益的事情或代價，一種要求或責任。

找出下列情況中必須分配的利益和負擔

跟同組的同學一同閱讀下面的幾種情形，試著找出必須分配的利益和負擔，然後回答《運用所學技巧》裡的問題。

一場洪水，沖毀了河邊所有的房屋跟商店，靠近山邊的房子損失比較輕微。住在河邊的居民因此獲得政府的補助修復家園，而居住在山邊的人家卻什麼也沒有得到。政府是用全國人民繳納的稅金，來幫助那些房屋和商店遭受洪水沖毀的人。

小凱、小泰和小金都想爭取參加學校的樂隊。樂隊指導老師要每個人展現自己吹奏樂器的能力，小凱吹得比小泰和小金好，但最後老師卻選擇了小泰和小金，理由是：這樣一來，他們才有機會吹得更好。

● 在決定讓誰參加學校樂隊時，應該考慮哪些事情？

3 戴老師徵求一名同學在下課時幫他到辦公室搬課本。小席、小巴、小喬三人都舉手了。後來，戴老師選中了小喬，因為他看起來最強壯。

4 小凱、小盧、小邁三人是游泳隊裡最棒的選手。每個人都很勤奮的練習，在競賽裡互相競爭。但最後，小凱沒有拿到獎牌，原因是她加入游泳隊還不到一年。

運用所學技巧

1. 以上的每種情形中，要分配的是什麼？是利益，還是負擔？
2. 以上的每種情形中，利益或負擔的分配情形公不公平？
3. 我們應該考量哪些因素，才能夠公平的分配利益或負擔？

學習重點2

如何運用「相似原則」解決分配正義的問題

　　「相似原則」是一種規則，可以用來公平解決分配正義的問題。這項規則的運作方式是：當我們想要儘可能公平的分配某種利益或負擔時，應該

● 對有重大相似之處的人，應採用相同的對待方式。
● 對有重大差異之處的人，應用不同的方式對待。

　　人們在這些情況中是相似，還是相異，可以從他們的需求、能力和是否應該或值得得到來判斷。這些觀念對下面的練習很有幫助。同學們試試看能不能發覺其好處。下一課，我們會再進一步解釋「需求」、「能力」、「應得與否」等觀念。

你能看得出這些情形中，人們的相似或相異的地方嗎

　　請同學分組，一起檢查下列各種情況。首先，找出要分配的是什麼；其次，找出這些要參與分配的人們的相似及差異之處，再決定怎麼做才算公平。最後，回答《運用所學技巧》的問題。

●怎樣分配生活必需品給受災的人們才算公平？

　　假設你住的社區發生一場大火。紅十字會伸出援手，提供有限的食物和衣服給災民。有些家庭並沒有受到火災的影響，但許多居民的住宅和財產確實遭受損害。

　　你要為一群五歲大的小孩找一位臨時保姆。你的表弟妹與表哥年齡分別為三歲、五歲和十四歲，他們三個人都很希望能幫忙照顧這些小孩。

你們班上有三位同學老是喜歡在上課時擾亂秩序，弄得大家無法好好學習。老師必須決定是不是該讓那些人的公民科成績不及格。

學校的學生代表會要選舉會長，一到六年級的學生都想要有投票權。

● 你認為誰該在學校選舉中擁有投票權？考慮的重點應該是什麼？

運用所學技巧

1. 以上的各種情況中，人們有哪些相似的地方？
2. 以上的各種情況中，人們有哪些相異的地方？
3. 你會使用「需求」、「能力」、「應得與否」等概念，來討論每種情況是否公平嗎？你會如何使用這些概念呢？
4. 你認為以上的每種情況，該怎麼做才算公平？為什麼？

活用所知

1. 扮演一位調查員，請教老師或其他的大人：在我們的國家，哪些人可以投票？並說說看這些人有哪些「相似」或「相異」的地方。你認為這個投票權的規定公不公平？跟班上同學討論自己的想法。

2. 在報紙、雜誌或網路上找找看，有沒有關於人們如何使用「相似」或「相異」的概念來決定誰該得到什麼東西的文章。

3. 試試看寫一首詩來描述某些事物有些特別「相似」或特別「相異」的地方。

MEMO

第三課　分配正義的基本概念（二）

本課目標

　　同學們已經學到用「相似原則」來解決分配正義的問題。在這一課中，我們將再進一步學習在運用相似原則時，「需求」、「能力」、「應得與否」等觀念如何幫助我們做出更好的決定。

　　上完這一課，同學們將能夠使用一些「思考工具」來解決分配正義的問題。

本課新名詞

需求　能力　應得與否

學習重點1

運用相似原則時，如何配合「需求」、「能力」、「應得與否」等概念

　　同學們學到了要公平分配利益或負擔時，應該檢查分配的對象有沒有重大的相似或差異的地方。

　　人們可能會有哪些重大的相似或相異的地方呢？學習辨識「需求」、「能力」和「應得與否」三項概念對我們很有幫助。

　　如果想要能公平的分配利益或負擔，我們必須：
- 對所有需求、能力及應得與否「相似」的人，一視同仁。
- 對所有需求、能力及應得與否「不同」的人，應考量他們的個別差異。

　　現在，我們在相似原則中加入「需求」、「能力」與「應得與否」等觀念，讓我

們來看看如何使用這些觀念。

■ **需求**：被分配的對象有多需要你所分配的事物？
  ☑ 你的餅乾足夠分給十位同學，但是班上有四位同學已經一整天都沒吃東西了。這些餅乾該給誰？為什麼？

■ **能力**：被分配的對象能不能處理你要分配的事情？
  ☑ 你負責編輯校刊，現在有六位學生想參與校刊的編輯工作。其中有兩位文筆非常好。誰應該得到這份工作？為什麼？

● 在決定班上同學誰可以獲得利益時（例如，餅乾），應該考量哪些條件？

■ **應得與否**：被分配的對象值不值得或應不應得到要分配的事物？
  ☑ 有一位學生努力的做一項參加科展的作品，而且做得很棒，其他同學卻都不怎麼用心。誰該得到獎賞？為什麼？

上面討論的這些問題很容易解決。但是，有很多問題的情況很複雜，人們對於「需求」、「能力」，還是「應得與否」哪一項考量比較重要，常常意見不同，而且很多時候我們不能只考量一個條件或因素。

● 決定誰該得到學校的科展獎項時，該考量什麼條件？

解決問題

找出需求、能力和應得與否的例子

還記得小柯嗎？他曾答應小鎮居民學習公平處事。請閱讀以下故事，然後和同組的同學一起詳細討論故事的內容，並回答後面的問題。

小柯學正義（二）

小柯答應小鎮居民學習公平後，他買了一些書準備好好研究。正當他在閱讀《公平的分配利益與負擔》這本書時，卻聽到有人大喊：「嘿，又有人在搶銀行囉！」

小柯想：「糟糕！又有人犯案了！」

● 小柯如何運用相似原則來處理問題？

　　副警長很快抓到了三名嫌疑犯，其中最年輕的名叫阿肯，他的膝蓋受了傷，走路有點跛。副警長說：「別擔心！阿肯，我會找一片OK繃讓你貼上。」

　　第二名嫌犯莉莉一直哎哎叫著說：「哦，我的頭好痛。」莉莉看起來好可憐，於是副警長給了她兩顆止痛藥。

　　第三名嫌犯阿盧抱怨：「為什麼莉莉和阿肯都有人關心，我卻沒有。不公平！」

　　小柯查了查他的書，然後回答：「很公平啊！書上第三頁寫著『嫌犯有權利要求必要的醫療照顧。』你又不需要。」

　　阿盧要求：「需要跟公平有什麼關係？我也要一片OK繃、兩顆止痛藥。」

　　小柯微笑：「抱歉，恐怕不行。」

　　晚餐時間到了，阿盧說：「至少我們三個都該獲得一些食物。」

　　「對！因為你們都需要食物。」小柯回答。

　　一個小鎮的居民看到這三名嫌犯被逮捕，不禁抱怨說：「小柯，當初如果你讓男人來當副警長，這個阿肯說不定會當上副警長，那麼你今天也就不用抓他了。」

　　小柯拿出他的書說：

「書上有提到，如果我們想公平的分配事物，可以用能力作為參考標準。」

小柯說：「當副警長的人必須要誠實，要會騎馬，還得懂點法律。下一次我要再找副警長時，來應徵的人都得接受測驗。」

小柯對自己的心得正感到洋洋得意時，幾個鎮民氣呼呼的跑了過來。

「你的副警長一天到晚待在小鎮的主要街道上，從來不出現在其他地方。」鎮民抱怨說：「我們也需要保護啊。說穿了，她的薪水還是從我們繳納的稅金支付的。」

小柯用心聽了後回應：「你們也需要保護，這聽起來很公平。我今天晚上會派她去那裡。」那天晚上，副警長真的在郊外抓到一名偷雞賊。

小鎮的監獄現在關著四個人，三個是銀行搶犯，一個是偷雞嫌犯。小柯說：「依我看來，自作自受似乎是最公平的事了。」

仔細討論

1. 小柯運用「需求」的概念來決定誰該得到醫療照顧，公不公平？
2. 小柯運用「能力」的概念來決定誰是下一任副警長，公不公平？
3. 小柯運用「應得與否」的概念來決定誰該獲得保護，公不公平？
4. 你如何運用「需求」、「能力」、「應得與否」等概念幫助解決「分配正義」的問題呢？請試著用你自己的親身經歷為例，加以說明。
5. 試著找找看，在學校或社區中，人們用「需求」、「能力」和「應得與否」等概念來解決「分配正義」問題的實例。

學習重點2

有助於解決「分配正義」問題的思考工具

同學們已經學會解決「分配正義」難題的幾個最重要的概念。我們將這些概念

與問題一起彙整在下面的表格中，也就是能幫助我們處理這類問題所需要的「思考工具」。請同學看看，要如何使用以下表格裡的概念和問題。接著，老師會發給每位同學一張用來練習解決「分配正義」難題的表格。

解決「分配正義」問題的思考工具	
1. 要分配的是哪一種「利益」或「負擔」？	
2. 分配的對象有哪些人？	
3. 等待分配的這些人在以下三項條件上，有哪些「相似」或「差異」的地方？ 　a. 需求 　b. 能力 　c. 應得與否	
4. 決定誰該得到利益或負擔時，該考量哪些「相似」或「差異」之處？	
5. 在考量你認為所有的重要事項之後，怎樣分配利益或負擔才算公平？	

LESSON3

運用「思考工具」解決問題

請閱讀以下的故事，然後和同組的同學一起運用「解決分配正義問題的思考工具」表格，找出解決問題的辦法。完成表格並回答《運用所學技巧》的問題。

選拔候補球員

你是土撥鼠籃球隊的隊長。你們隊上共有十名隊員，表現最佳的五名隊員是先發球員，要優先上場打球，其餘的五名隊員則是候補。這一場要跟你們比賽的對手是白鼬隊，你們真的很想贏球，但也希望能給候補隊員上場磨練的機會。

就在此時，你們隊上的一名先發球員扭傷了腳踝，而你必須從後補球員中選出一位來代替他的位置。候補球員中表現最好的莎莎之前常常有機會上場，第二位候補的丁丁扭傷了手腕。

其他的三名候補球員能力都差不多。多多在前面三場都沒機會表現，阿寶曾有兩次練習沒到的紀錄，小治因為身體不舒服，前三場比賽也都沒有上場。你會選擇哪個人上場替補呢？

● 如何決定由哪一位候補球員上場出戰白鼬隊，才算公平？

運用所學技巧

1. 請說明你在上述的情況裡所做的決定公不公平？
2. 請說明在上述的情況裡，「思考工具」如何幫助你作決定？

活用所知

1. 寫個故事說明如何公平的使用「需求」、「能力」和「應得與否」等概念解決問題，並跟班上同學分享。

2. 訪問某一位曾就「分配正義」問題做出決定的人。可以訪問父母、公司的老闆、學校裡的教職員、縣（市）議員等。請問他們當時用了哪些觀念來幫助自己作決定？有沒有將「需求」、「能力」和「應得與否」等概念列入考量？

3. 寫一首歌，內容是有關某一種情況下人們的「需求」、「能力」和「應得與否」的事情。曲風形式不拘，唱給班上同學聽。

第四課 應用「分配正義」的概念解決問題

本課目標

同學們已經學到用「思考工具」來解決「分配正義」的難題。在這一課，大家將有機會再度使用這些工具，來決定如何公平的分配一個社區裡的醫療資源。

本課新名詞

公聽會　縣議會　縣政府

參加公聽會

如何公平分配醫療資源的利益與負擔

請閱讀以下的故事，然後將全班同學分組準備參加公聽會。

公聽會

民意及行政機關對各項重大議題，邀請民意代表、學者專家及一般民眾進行座談，蒐集意見以幫助作決定的會議。

醫療照顧（健保）提案

在我們社會的醫療健保體系中，對於病人或傷患有很好的照顧方式，但醫療照顧的費用，卻年年節節高升。時至今日，想要幫助人們擁有快樂及健康的生活所需的基本照顧費用高漲，許多人甚至沒有錢去看醫生或住院治療。

縣議會

縣級地方民意機關，由縣民選舉議員，並由議員互選議長、副議長各一人，有代表縣民行使縣政事務，及接受人民請願等職權。

因此，如何提供人們負擔得起的醫療照顧，已成為政府現在需要趕快解決的難題。肯特縣的縣議會裡有一個縣政委員會的組織，是由一些議員擔任縣政委員。縣政委員會必須負責制定肯特縣的法律和稅收等規定，並為縣民提供所需的服務，他們正在設法解決醫療資源分配的這個大難題。

縣政府

一縣最高行政機關，設縣長一人，由縣民選舉產生，綜理縣政。

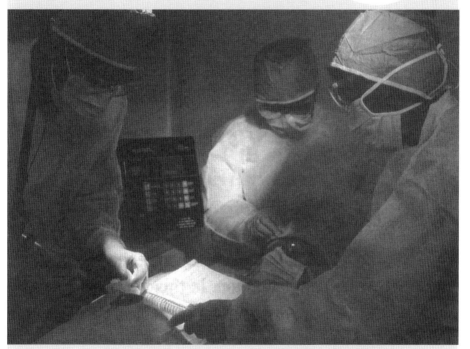

●醫療照顧資源如何根據人們的需求、能力或應得與否，來公平分配呢？

這個委員會想要讓所有縣民都能得到適當的醫療服務，特別是那些收入很低、付不起醫療保險費的人，於是他們擬訂出下列計畫。

● 十八歲以上的縣民，每年必須向縣政府提出年度總收入報告。總收入在規定水準之下的人，如果需要醫療照顧，所有的費用就由縣政府負責支付。
● 縣政府可以用提高稅收的方式來籌措財源，收入高的人必須支付比較多的稅金。
● 為控制支出，縣政府可以對各診所的醫生及醫院收取醫療費用的高低設限。

很多人支持這項計畫,他們認為根據人們不同的需求及能力來分配醫療資源的做法相當公平。過去只有有能力支付費用的人才能得到良好的醫療照顧,沒有支付費用的人得到比較少或甚至根本得不到醫療照顧。有了這項計畫,不管有沒有能力支付醫療費用,人人都有權利得到好的醫療照顧。

人們同時認為縣政府有義務維持社會的安全,因為有些疾病如果不留心照料,很可能傳染擴散,而危害到整個社會。

但是也有人反對這項計畫。他們認為,縣政府應該根據需求及應得與否來分配醫療資源。這些人覺得健康的人不需要浪費醫療資源,同時也不應要求健康的人來分擔其他傷者或病患的醫療費用。

還有一些人不同意因為自己的收入高,就得付比較多的稅。他們認為,要他們繳稅也該有個限度。但這些人也同意,付較多稅的人,的確應該幫忙負擔醫療費用。

● 為什麼人們對醫療照顧的計畫有不同的意見?

　　另外，還有些人只贊同計畫中的某些部分。例如，醫生們和醫院的老闆們，這些人知道維持社區健康的重要性，卻不喜歡政府限制他們對病患收費的高低。他們認為，如果醫療用品和人事的成本增加，他們有必要也有權利漲價。

　　肯特縣的縣政委員會為此召開一場公聽會，邀請有興趣的人們對此項計畫表示意見，希望能集思廣益，聽取各界的看法。說不定公聽會結束後，委員們可以對此項計畫提出修改的建議。

準備參與縣政公聽會（一）：參與公聽會的各組成員及立場

　　老師會把班上同學分為以下六個小組。

■ 第一組：肯特縣議會縣政委員會

　　這一組代表所有肯特縣縣民的權益。你們要負責以合理公平的方式為縣民提供服務。

■ 第二組：家庭權利小組

　　這一組的人支持這項計畫。你們認為所有肯特縣的縣民都應該得到所需要的基本的醫療服務，而且縣政府也有能力提供這項服務。

■ 第三組：納稅人權利小組

　　這一組的人反對這項計畫。你們認為賺錢賺得多並不表示必須繳更多的稅，或是理所當然的要為沒有能力的人們負擔其醫療費用。

■ 第四組：健康社會小組

　　這一組的人支持這項計畫。你們認為為了預防疾病的傳染和散播，必須讓所有的縣民都得到適當的醫療照顧。

■ 第五組：健康縣民小組

　　這一組的人反對這項計畫。你們認為能照顧好自己身體健康的縣民，沒有義務要為不好好照顧自己身體健康的那些民眾負擔醫療費用。

■ 第六組：醫療職業小組

　　這一組的人大致上支持這項計畫，但反對此項計畫中有關於能收取多少醫療費用設定限制的部分。

準備參與縣政公聽會（二）：各組職責以及參與縣政公聽會的事前準備

　　每個小組的成員都必須先熟悉自己所扮演的角色，以及整個醫療照顧計畫的內容，並完成課本第27頁的「解決分配正義問題」的思考工具表。

● 對於這項醫療照顧計畫，你有什麼看法？有哪些論點可以支持你的立場？

■ 「肯特縣議會縣政委員會」這一組應該選出一個主席負責主持公聽會，並運用「解決分配正義問題」的思考工具表準備問題，在公聽會中向其他各組的成員提問。

■ 其他各組必須先進行下列各項準備工作：每組都應運用「解決分配正義問題」的思考工具表的資訊，準備一篇在公聽會上發表的簡短演說。

　　每組都須推派一名代表在公聽會上發言，其他組員則要準備回答「肯特縣議會縣政委員會」可能提出的問題。

縣政公聽會的進行程序

- 縣政委員會的主席宣布公聽會正式開始。
- 主席請各組的代表陳述那一組的意見。各組說明完畢後,主席請其他委員向每一組提問。
- 委員會在仔細聆聽各組的陳述之後,必須針對各組所提的重點進行討論。
- 委員會成員必須對大家說明:他們為什麼支持或不支持原來的計畫的內容,或是建議修改這項計畫的部份內容。
- 最後,委員會成員必須投票決定支持或不支持這項計畫。

討論活動

1. 評估醫療照顧計畫時,「需求」、「能力」,還是「應得與否」,哪一項考量最重要?
2. 決定公平的分配社區醫療資源時,「需求」、「能力」,還是「應得與否」,哪一項考量最重要?為什麼?
3. 你認為縣政委員會的委員對醫療照顧計畫提出的建議公不公平?為什麼?
4. 你認為怎樣的建議最能改善醫療照顧計畫?為什麼?
5. 「解決分配正義問題」的思考工具在檢視問題和準備公聽會時,有什麼用處?

UNIT 3

第三單元：匡正正義

● 插圖中有哪些「匡正正義」的問題？

單元目標

　　這個單元的研討重點是「匡正正義」，指的是公平合理的回應已經發生的錯誤或傷害。在這個單元裡，對於錯誤或傷害所做的處理，我們稱為「回應」。另外，我們也會討論公平合理的回應錯誤或傷害的方式。

　　這個單元將介紹有助於我們「解決匡正正義問題」的思考工具，還會讓大家有機會練習使用相關的「思考工具」。

第五課 匡正正義的目標

本課目標

在這一課，我們將會學到「匡正正義」的目標，以及一些有助於解決「匡正正義」問題的觀念。

上完這一課，同學們應該可以說明什麼是「匡正正義」的目標，了解「匡正正義」為何如此這麼重要，也要能夠說明和運用「修正」、「嚇阻」、「預防」錯誤及傷害等觀念。

本課新名詞　　錯誤　傷害　修正　預防　嚇阻

學習重點 1

何謂「錯誤」和「傷害」

「匡正正義」指的是公平合理的回應錯誤或傷害。但在討論相關問題之前，我們必須先明白「錯誤」和「傷害」的意思。請大家閱讀以下的定義和範例，並試著舉出一個你自己看過有關錯誤和傷害的例子。

> **錯誤**
>
> 有人違反規定或法律，或有其他不對的行為。

■ 有人違反規定或法律，或是有其他不對的行為就是「錯誤」。

　　例如：
　　☑ 學生上課遲到，違反校規。
　　☑ 有人偷拿別人的錢，違反法律。

☑ 學生說了不實的話來傷害同學，違反道德原則。

■ 有人的生命、財產、自由或權益等遭受侵害、損失或破壞時，所造成的情形就是「傷害」。

例如：

☑ 小史打斷小愛的牙齒。

☑ 小潔在牆上寫字，毀損學校公共財產。

☑ 小劉偷看小金的日記，侵犯到她的隱私權。

■ 有時錯誤和傷害會同時發生。

例如：

☑ 阿瑞在走廊上奔跑，不但違反校規，還讓自己滑倒受傷。

☑ 艾爾搶劫鄰近的超商，還使店員受傷。

☑ 阿默沒告訴恰克就拿了他的收音機去用，結果一不小心把收音機摔壞了。

傷害

當一個人的生命、財產、自由或權益等遭受侵害或破壞。

● 上課遲到算不算「錯誤」或「傷害」？怎樣回應 才公平合理？

● 艾爾造成了哪一種「錯誤」與「傷害」？怎樣回應才算公平合理？什麼是「錯誤」和「傷害」？

解決問題

辨識下列各種情形中所造成的錯誤和傷害

以下的每種情形都在描述錯誤與傷害。請全班同學一起閱讀，然後分組回答《運用所學技巧》的問題。

1 朱莉跟寶玲決定各自為自己的父母燒製一個陶罐。她們辛苦工作了好幾天，才將罐子塗上漂亮的顏料，在學校的窯裡面燒好成品。回家的路上，寶玲不小心滑倒，撞到朱莉，讓朱莉的陶罐掉到地上，摔成碎片。

2 萊恩正要幫老師送東西到校長室，在走廊上剛好遇上小傑。小傑凶巴巴的對萊恩說：「給我錢，否則我就揍你。」於是萊恩只好把他存下來準備看電影的二百塊錢給小傑。

3 蘇太太站在街角等公共汽車時，三個青少年突然衝過來打她，並且搶了她的皮包，蘇太太因此摔倒而跌斷了手臂。三天後，警察抓到這些青少年，蘇太太也指認無誤。這三個青少年以前還涉及其他罪行。

● 故事中所造成的錯誤與傷害，你認為該如何回應才算公平？

運用所學技巧

1. 哪一些情況同時造成「錯誤」及「傷害」？
2. 哪些情況只有造成「錯誤」？
3. 哪些情況只有造成「傷害」？

4. 請從你的生活經驗中，舉出造成下列情形的實例：
  - 同時造成「錯誤」和「傷害」
  - 只有造成「錯誤」
  - 只有造成「傷害」

學習重點2

我們為什麼需要匡正正義

在任何團體之中，難免會發生因為故意或無心而造成錯誤或傷害的情形。當發生這些情況時，我們通常會想要盡量努力改正，做事後的修補。因此，「匡正正義」有以下三個目標：「修正」、「預防」、「嚇阻」。

■ **修正**：匡正正義的目的之一是修正，是指以公平的方式來矯正一項錯誤或傷害，也就是將事情改正過來以求公平。

例如：假設有一名駕駛闖紅燈，結果撞壞了其他的車輛，導致其他駕駛受傷。為修正他所犯的錯誤和傷害，這名駕駛必須支付：
- 違反交通規則的罰款
- 受損車輛的修理費用
- 受傷駕駛的醫療費用

修正
用公平的方式彌補傷害、改正錯誤。

預防
避免錯誤、傷害再度發生。

■ **預防**：匡正正義的另一個目的是預防，也就是避免造成錯誤或傷害的人再度犯錯。

例如：假如有人酒後開車，可能會被吊銷駕駛執照，從此不能再開車。如此一來，就可避免這個人再度犯錯，對旁人造成傷害。

嚇阻
使人們不敢採取某項行動的作法。

■ **嚇阻**：匡正正義的最後一個目的是嚇阻，也就是制止或勸阻其他人不敢造成錯誤或傷害。

例如：如果大家都知道違反交通規則，可能會被吊銷駕駛執照，開車時就會更加小心。這是經由法律的規範使大家不敢違規。

　　有時候，已經發生的錯誤或傷害是無法補救的。例如：殺人，人死了就不能復生。在這種情況下，我們會懲罰有罪的人來修正這項錯誤。一方面是要防止這個人再殺人，同時還必須嚇阻其他的人去犯同樣的罪行。

● 在回應錯誤或傷害時，法官應考量「修正」、「預防」或「嚇阻」哪一項目標呢？

解決問題

提出公平回應錯誤或傷害的方式

　　請檢視下列各種情形，分組討論並回答《運用所學技巧》的問題。

1 小杰用小刀在學校圖書館的桌上刻下自己的名字。

2 蒂蒂跟父母親去逛街時，以為沒人注意，她把一片CD塞入自己的口袋，在她正要離開商店時，店員上前阻止了她。

朵拉在欣賞小蘿的模型飛機時，沒注意到飛機離桌緣很近。她站起身來，不小心讓飛機掉到地上摔壞了。

小周跟小迪搶劫鄰近的超商，在離去前，小周還把店員打了一頓。警方抓到他們時，在小周口袋裡找到二千塊錢。

● 你會如何處理插圖中的錯誤和傷害，才能達到「修正」、「預防」和「嚇阻」的目標？

運用所學技巧

1. 如何回應以上各種情形，才算公平？
2. 你的回應，能夠如何修正這項錯誤或傷害？
3. 你的回應，能夠如何避免這個人再造成類似的錯誤與傷害？
4. 你的回應，能夠如何嚇阻或制止其他人不造成類似的錯誤與傷害？

活用所知

1. 在報紙或雜誌上尋找一些關於人們能公平修正錯誤與傷害的文章。把你找到的文章製作成一份「正義快報」，然後跟班上同學說明文章裡描述的問題。

2. 根據自己的經驗，寫一篇以「公平的修正錯誤與傷害」為主題的故事。

3. 做幾個布偶或紙偶，然後表演一齣內容有關某些錯誤或傷害獲得修正的戲劇。

LESSON6

▌第六課　匡正正義的基本概念（一）

本課目標

　　在這一課中，同學們會學到如何運用「思考工具」，幫助我們找出公平回應錯誤與傷害的方式。「思考工具」中的這些問題，同時還可以幫助我們檢驗這些錯誤與傷害嚴重到什麼程度，以及受害者與加害者各是什麼情形。

　　上完這一課，同學們應能說明「解決匡正正義問題」的思考工具的前四個步驟。

 本課新名詞　　簡易法庭法官

學習重點1

哪些概念能幫助我們公平的回應錯誤與傷害

　　在前一課，我們學會要公平的回應錯誤與傷害，必須做到下列三項目標：
- 應該能夠修正或改正錯誤或傷害的情況。
- 應該能夠預防這個人再次造成類似的錯誤或傷害。
- 應該能夠嚇阻或制止其他人不去犯類似的錯誤或傷害。

　　我們也了解有時候想要修正錯誤與傷害是很困難的。在沒有辦法將事物恢復到錯誤或傷害發生前的狀態時，應該如何回應才算公平適當？我們必須考量很多因素。

你能指出哪些觀念能幫助我們解決匡正正義的問題

　　在前面的故事裡，小柯學到如何公平分配利益與負擔。而「小柯學正義（三）」要讓我們看看小柯如何學習解決「匡正正義」的問題。請大家閱讀以下的故事，然後分組檢視故事內容，並回答《仔細想想》的問題

**簡易
法庭法官**

在地方法院的簡易法庭
中，負責處理案件情形
比較不嚴重或爭端較
輕微的法官。

小柯學正義（三）

　　小柯在擔任了一段時間的小鎮警長後，他想找份不一樣的工作。他決定角逐下一任簡易法庭的法官[1]。

　　小柯的競選主張很誠實，他告訴選民自己是如何經由學習而成為一名公平的好警長。他並向選民承諾：「我將會是最公平正義的簡易法庭法官。」

註[1]：美國的法官是由選舉產生，與我國法官的產生方式不同。

小柯以壓倒性的勝利贏得選舉。就在選舉結束後不久,小柯聽到法院外面傳來巨大的咻咻聲,他往外衝看見一個熱汽球正在空中急速搖擺。

原來阿肯、莉莉、阿盧又搶了銀行!他們三人為了急著逃脫,因此慌了手腳,讓熱汽球失去了控制。街上的民眾驚聲尖叫、四散奔逃。熱汽球發出更巨大的聲響,墜落在一個農夫的貨車上,只見那輛貨車先是開始緩緩移動,然後加速……,「砰!」貨車撞上一堵牆後,被迫停在莎莎的雜貨店門前。

場面真是一團混亂!貨車壓壞了裝滿豆子和麵粉的木桶,食物散落了一地。玻璃和木屑更是到處飛舞,打中或割傷正在雜貨店內購物的民眾。

●小柯該如何修正、預防、嚇阻,使故事中的錯誤與傷害不致再度發生?

審判這個案件時,小柯坐在法官的座位,聽取各方的提出的證據。最後,小柯做出結論:「我認定你們三個人武裝搶劫有罪,同時還傷害到其他民眾,毀損了一輛貨車和一間雜貨店。」

小柯並不知道接下來該如何處理，於是他翻開自己帶來的《正義大全》，自言自語地說：「書上提到我們必須找出公平的方式，讓事情回復到正常的狀態。接下來，我該怎麼做呢？」

書裡說：「首先，我們必須**找出並確定發生了哪些錯誤和傷害**。」哇！這下問題可真不少呢！

包括：
● 搶劫銀行
● 使用槍械
● 傷害別人
● 毀損財物

小柯接著唸道：「下一步是我們必須**決定錯誤及傷害嚴重的程度**。」

他想：「唔！搶銀行是很嚴重的行為，持槍犯罪也是很嚴重的行為，不但貨車與商店受到毀損，也有人受了傷。」

「書上還提到，再來應該**檢查造成錯誤及傷害的人**。」

「嗯！這件事的主謀是阿盧，而且他已經因為犯同樣的罪被關過三次。莉莉很後悔跟他們一起結夥搶劫，而且表示願意處理善後問題。阿肯只有十五歲，也不是這個案件的主使者。」小柯想著。

他繼續讀到：「我們還要**考量遭受錯誤或傷害影響的人**。」

「受傷者的醫藥費該由誰來付？莎莎的生意怎麼辦？農夫沒有錢修貨車。銀行的錢是追回來了，但是沒人敢再把錢存在那裡，這些問題該怎麼辦？」

小柯再往下讀：「**哪些公平的回應方式可以修正狀況？如何避免人們再犯**

同樣的錯誤？」

　　小柯抓抓頭，想著……
- 可以要他們賠償所造成的損害
- 可以要他們自己去修補一切
- 可以送他們去學校學習正確的是非觀念
- 可以送他們去治療，改掉搶劫銀行的壞習慣
- 可以把他們關進監牢，給他們一個教訓。

　　「在做出最後決定前，我需要一點協助。」小柯轉向站在前排的一個女孩，然後問她：「妳有什麼看法？」

仔細想想

1. 小柯在做決定時，考量了哪些事情？
2. 考量過所有因素後，你會如何回應故事中的錯誤與傷害？
3. 你的回應方式，如何修正故事中的錯誤與傷害？
4. 你的回應方式。如何讓搶匪未來不再犯同樣的罪行？
5. 你的回應方式，如何嚇阻或制止其他人去做同樣的事情？

學習重點2

有助於解決匡正正義問題的思考工具（上）

　　如今，同學們已經學到幾項有助於決定如何公平的回應錯誤或傷害的觀念。這些觀念能幫助我們用公平的方式修正已經發生的錯誤和傷害，也能預防人們未來不再造成同樣的錯誤與傷害。

　　在這一課中，我們先檢查有助於解決「匡正正義」問題的前四個步驟，下一課還會提到另外三個步驟。有助於解決「匡正正義」問題的每個步驟中都附有問題和舉例，了解這些問題之後，請同學們試著將其應用到實例上。

1 確認有哪些錯誤與傷害

同學們必須了解需要改正的錯誤與傷害是什麼？有些情形只有錯誤，或是只有傷害；而有些情形卻同時造成錯誤與傷害。

■ 造成什麼錯誤？
■ 造成什麼傷害？

例如：

☑ 有一個小孩衝到馬路上，然後被一輛車子撞到。開車的駕駛很小心，並沒有違反交通規則。

☑ 有一個小孩衝到馬路上，然後被一輛車子撞到。開車的駕駛超速，因為速度太快而無法即時剎車避免車禍發生。

2 決定錯誤與傷害的嚴重程度

同學們一定聽過「罪有應得」這句話吧！這句話也意味著我們對於「匡正正義」問題的回應方式，必須符合錯誤或傷害的嚴重程度。為了能公平的回應，所以我們必須先了解這些錯誤和傷害嚴重到什麼地步。

■ 有多少人、事、物受到了影響？
■ 這項錯誤和傷害持續了多久時間？
■ 這項錯誤和傷害所造成的損害有多嚴重？
■ 這項錯誤和傷害違反一般人的是非觀念到什麼程度？

例如：

☑ 小衛在車禍裡受了重傷，必須住院治療九個月。
☑ 一名高中生破壞了學校裡所有的電腦。
☑ 一個小孩從鄰居樹上摘取了一顆蘋果。

3 接視造成錯誤與傷害的人

為了能找到公平的回應方式，我們也必須了解造成錯誤或傷害的這個人本身一些重要的情形。

■ 這個人是故意的,還是不小心的?

　例如:

　　☑ 小戴打棒球時打破了一扇窗戶。

　　☑ 山姆打破了莎莎家的窗戶,因為他在生莎莎的氣。

■ 這個人有沒有能力知道自己的行為不對,會造成錯誤或
　傷害呢?

　例如:

　　☑ 兩歲大的弟弟,不知道未經你的同意就拿走你的東西
　　　是不對的行為。

■ 這個人是不是明知道會有什麼後果,卻仍然照做不誤?

　例如:

　　☑ 妹妹知道如果用力踢你的收音機,會把收音機弄壞,
　　　但她還是照踢不誤。

　　☑ 有個小孩玩火柴,結果家裡發生火災。

■ 這人有沒有注意到可能發生的危險?

　例如:

　　☑ 你的朋友幫你拿書到學校,他一邊走一邊跟你講話,沒注意人行道的路面不
　　　平,你的朋友絆倒摔了一跤,讓你的書都掉到爛泥巴裡。

■ 這人過去是不是也曾經造成過類似的錯誤或傷害?

　例如:

　　☑ 這次已經是小艾第三次恐嚇比他年紀小的小孩給她錢了。

■ 這人對自己的行為有沒有悔悟之心?

　例如:

　　☑ 小瑞為弄壞你的腳踏車而向你道歉,並且答應負責修理。

■ 如果這個人不是單獨行動,他在這件事裡扮演的是什麼角色?

　例如:

　　☑ 小喬帶著一群人闖入鄰居的車庫,小利負責把風看有沒有人接近。

4 檢視遭受錯誤與傷害影響的人

對於受到錯誤及傷害所影響的人，我們也得考慮下面這些重要的事項：

■ **受到錯誤及傷害影響的人，對於所發生的情況有沒有責任？**

例如：

☑ 阿吉為了撿球，未經鄰居的允許就爬過圍牆，結果被鄰居的狗咬到腿。

■ **受到錯誤及傷害影響的人，有沒有能力讓事情恢復原狀？**

例如：

☑ 阿吉必須被送往醫院急診治療被狗咬傷的腿，但他的父母沒錢付醫藥費。

解決問題

分辨故事裡的錯誤與傷害，以及是誰造成這些情況

請同學閱讀以下的故事，接著分組討論並回答課本第54頁「解決匡正正義問題」思考工具表上的問題，然後回答《運用所學技巧》的問題。

小翰說話不算話

十二歲的小翰，很喜歡打籃球，也如願的加入社區最好的籃球隊。他想要一雙「超音速」籃球鞋，簡直想得快瘋了，一直懇求爸媽買給他。小翰說：「我們籃球隊每個人都有超音速鞋，只有我沒有。」

　　媽媽告訴小翰：「那雙鞋子太貴了，我們買不起。」有天晚上，小翰的爸媽討論起這件事時，都認為讓小翰了解錢的價值是很重要的，於是他們想到了一個做法。

　　「小翰，如果你能自己負擔購買超音速鞋一半的價錢，我們就幫你出另外一半，你的想法如何？」爸爸說：「我們真的想幫你達成心願，所以打算冒個險，動用部分儲蓄讓你在夏天結束前得到球鞋。可是，條件是你必須償還我們一半的錢。」

●你會問哪些問題，來決定如何公平的回應這個故事中的錯誤與傷害？

　　媽媽接著說：「史小姐現在正需要人手幫她跑腿和遛狗，你可以去應徵這份工作。」

　　小翰回答：「我馬上去問她。」他感覺興奮極了，終於可以跟父母去買超音速鞋，然後穿到公園跟朋友快樂的打籃球。

　　然而，日子一天一天過去，小翰得到籃球鞋後卻沒有去向史小姐開口詢問

工作的事。爸媽問他為什麼不守信用，小翰回答：「最近我太忙了，我明天就打電話給她。」

到了第二天，小翰還是沒有打電話給史小姐，更沒有找其他工作。顯然他並沒有打算遵守跟父母的約定。

運用所學技巧

1. 解決「匡正正義」問題的思考工具的第一到第四個步驟，如何幫助你了解故事裡錯誤和傷害的嚴重性？
2. 這些步驟，如何幫助你更了解造成錯誤與傷害的人？
3. 這些步驟，如何幫助你更了解受到錯誤與傷害影響的人？

活用所知

1. 在報紙或雜誌裡找一篇描述錯誤或傷害的文章，並運用「解決匡正正義問題」思考工具前四個步驟來檢查：
   ● 確認有哪些錯誤與傷害
   ● 這個錯誤或傷害的嚴重性
   ● 造成錯誤或傷害的人
   ● 遭受錯誤或傷害影響的人

2. 寫一則短篇故事，說明你認為小翰的父母，對於小翰的錯誤該如何回應？

3. 做一幅拼貼畫，顯示當有人對你說話不算話，或你自己說話不算話時，你有什麼感覺？別忘了將錯誤或傷害所造成的結果畫進去。

解決匡正正義問題的思考工具（上）

1. 確認有哪些錯誤與傷害？ ● 造成什麼錯誤？ ● 造成什麼傷害？	
2. 決定錯誤與傷害的嚴重程度？ ● 有多少人、事、物受到了影響？ ● 錯誤和傷害持續了多久時間？ ● 錯誤和傷害所造成的損害有多嚴重？ ● 這項錯誤和傷害違反一般人的是非觀念到什麼程度？	
3. 檢視造成錯誤與傷害的人？ ● 這個人是故意的，還是不小心的？ ● 這個人有沒有能力知道自己的行為不對，會造成錯誤或傷害呢？ ● 這個人是不是明知道會有什麼後果，卻仍然照做不誤？ ● 這人有沒有注意到可能發生的危險？ ● 這人過去是不是也曾經造成過類似的錯誤或傷害？ ● 這人對自己的行為有沒有悔悟之心？ ● 如果這個人不是單獨行動，他在這件事裡扮演的是什麼角色？	
4. 檢視遭受錯誤與傷害影響的人 ● 受到錯誤及傷害影響的人，對於所發生的情況有沒有責任？ ● 受到錯誤及傷害影響的人，有沒有能力讓事情恢復原狀？	

MEMO

LESSON7

第七課　匡正正義的基本概念（二）

本課目標

　　這一課將告訴同學們，另外三項「解決匡正正義問題」的思考工具。我們會學到該考量哪些問題才能做出公平適當的決定，同時也有機會使用「思考工具」中所有的步驟，練習如何公平的回應有關「匡正正義」的問題。

 本課新名詞

忽略　告知　寬恕　復原　懲罰　自由　尊嚴

學習重點

解決匡正正義問題的思考工具（下）

　　同學們已經知道如何檢查錯誤和傷害，以及是誰造成這些情形，同時也了解如何檢視受害者。以下「思考工具」所列的步驟，可以進一步幫助我們決定如何公平、適當的回應問題。

　　這些步驟都附有問題和舉例。了解這些問題後，請同學試著應用到例子上。

⑤ 有哪些回應方式可能修正已經造成的狀況，並避免同樣的錯誤與傷害再度發生。

　　我們想知道怎麼做才能公平適當的回應已經發生的錯誤或傷害。有些回應方式可以更正已經造成的狀況，有些則可以預防或嚇阻未來再度發生同樣的事。

■ 我們是否應該「忽略」或「不理會」這些錯誤與傷害？

　　例如：假如你最要好的朋友不小心踩到了你的腳趾，你可能不會計較。

■ 我們是否應該「告知」犯錯的人，他的行為已造成錯誤或傷害？

　　例如：假如一個小孩在沙坑裡亂丟沙子，我們可以告訴他這樣做是不對的，飛起來的沙子有可能讓其他小朋友的眼睛受傷。

■ 我們是否應該「原諒」或「寬恕」這個人的錯誤？

　　例如：假如你的小妹妹弄壞了你最心愛的美勞作品，你可能會因為她誠心的向你道歉，而原諒或寬恕她。

■ 我們是否應該要這個人負責「復原」或「歸還」某項物品？

　　例1：假如你的朋友向你借背包去用，把背包扯裂了，他可以把背包修補好。

　　例2：假如你的朋友拿了你的錢，他可以把錢還給你。

■ 我們是否應該要這個人為他所造成的錯誤或傷害「賠償」金錢？

　　例如：假如你的朋友弄傷你的手臂，他可以支付你的醫藥費。

寬恕

免除一個人因犯錯或造成傷害而應受到的懲罰。

復原

將事物回復到改變前的狀態。

LESSON7

- **我們是否應該「懲罰」造成錯誤或傷害的人？**

  例如：假如你的哥哥不聽話，爸爸媽媽可能會處罰他一個星期不准使用電話。

  > **懲罰**
  >
  > 對於錯誤行為，施以特殊的負擔或剝奪，作為回應錯誤的方式。

- **我們是否應該讓造成錯誤或傷害的人接受「治療」或「教育」，以免他未來再做類似的事情？**

  例1：一個不斷傷害別人的人，可能在生理或心理上有問題，或許要由醫生來治療。

  例2：對於開車橫衝直撞的駕駛，可以把他送到駕訓班上課，學習改進開車的技術。

6 考量其他的重要因素

當我們大概知道對某個錯誤或傷害該如何公平的回應後，必須考量其他的重要因素，以確認自己能做出適當的決定。

> **自由**
>
> 各國憲法所保障的人民基本權利，包括人身、居住、遷徙、言論……等自由。

- **從所造成的錯誤或傷害的嚴重程度來看，回應的方式適當嗎？**

  例如：阿金偷了一條麵包，被判了十年徒刑。

  > **尊嚴**
  >
  > 相信所有的人都應該受到基本尊重的信念。

- **回應的方式，有沒有侵犯造成錯誤或傷害的人的自由？**

  例如：阿德因為說了一些反對市長的話，被老闆開除。

- **回應的方式，有沒有尊重人性尊嚴？**

  例如：小湯因為有兩次忘記穿制服，被教官剃光頭。

- **回應的方式，是不是能公平對待造成錯誤或傷害的人？**

  例如：阿湯跟阿妹逃課被抓到，阿湯被罰留校查看兩個星期。因為阿妹是女生，所以被罰留校查看兩天。

- **回應的方式，符不符合分配正義？**

  例如：小恩跟小翰都有犯罪前科，兩個人又因為犯了搶劫罪被逮捕。結果判刑時，一人被判一年徒刑，另一人被判終生監禁。

7 決定公平適當的回應方式

　　完成前面六個步驟後，同學們應該已經能夠對某個情況中的錯誤或傷害做出公平適當的回應了。接下來，我們應該說明自己選擇這種回應方式的理由。

- 做出決定後，同學們必須能解釋為什麼這個決定符合匡正正義的目標。

- 這個決定能不能修正所造成的錯誤或傷害？

- 這個決定能不能預防造成錯誤或傷害的人，未來不會再做出類似的事情？

- 這個決定能不能嚇阻或制止其他的人，讓大家不再造成類似的錯誤和傷害？

　　請同學們一起閱讀以下「解決匡正正義問題」的思考工具範例表格，七個步驟已完整的列在表格中。請注意：這些概念是如何相輔相成，發揮作用。

LESSON7

解決匡正正義問題的思考工具（上）

1. 確認有哪些錯誤與傷害？ ● 造成什麼錯誤？ ● 造成什麼傷害？	
2. 決定錯誤與傷害的嚴重程度？ ● 有多少人、事、物受到了影響？ ● 錯誤和傷害持續了多久時間？ ● 錯誤和傷害所造成的損害有多嚴重？ ● 這項錯誤和傷害違反一般人的是非觀念到什麼程度？	
3. 檢視造成錯誤與傷害的人？ ● 這個人是故意的，還是不小心的？ ● 這個人有沒有能力知道自己的行為不對，會造成錯誤或傷害呢？ ● 這個人是不是明知道會有什麼後果，卻仍然照做不誤？ ● 這人有沒有注意到可能發生的危險？ ● 這人過去是不是也曾經造成過類似的錯誤或傷害？ ● 這人對自己的行為有沒有悔悟之心？ ● 如果這個人不是單獨行動，他在這件事裡扮演的是什麼角色？	
4. 檢視遭受錯誤與傷害影響的人？ ● 受到錯誤及傷害影響的人，對於所發生的情況有沒有責任？ ● 受到錯誤及傷害影響的人，有沒有能力讓事情恢復原狀？	

解決匡正正義問題的思考工具（下）

5. 我們能做哪些事？以下哪一種回應的方式，在這個情形中比較公平適當。

- 忽略或不理會這些錯誤與傷害？
- 告知犯錯的人，他的行為已造成錯誤或傷害？
- 原諒或寬恕這個人錯誤的行為？
- 讓這個人彌補所造成的傷害或負責將事物復原？
- 要這個人為他所造成的錯誤或傷害賠償金錢？
- 懲罰造成錯誤或傷害的人？
- 讓造成錯誤或傷害的人接受治療或教育？

6. 還必須考量哪些重要因素？

- 從所造成的錯誤或傷害的嚴重程度來看，回應是否適當？
- 回應的方式，是否侵犯到造成錯誤或傷害的人的自由？
- 回應的方式，是否尊重人性尊嚴？
- 回應的方式，是否實際可行？
- 如果這個人不是單獨行動，回應的方式有沒有公平的對待同時犯錯的其他人？
- 和其他造成類似錯誤或傷害的人的處理方式相比，回應的方式公不公平？
- 回應的方式，符不符合分配正義？

7. 就匡正正義的目標而言，說明決定的回應方式是否公平和適當？

- 能不能修正所造成的錯誤或傷害？
- 能不能預防未來不會再度發生類似的錯誤或傷害？
- 能不能嚇阻其他人，未來不致造成類似的錯誤和傷害？

LESSON7

解決問題

公平合理回應故事中的錯誤與傷害

請同學一起閱讀以下的故事，然後分組完成第60-61頁「解決匡正正義問題」的思考工具表格。然後，討論並回答《運用所學技巧》的問題。

小麗的新朋友

小麗是華華國小四年級的學生，他們家才剛搬到市區，還沒交到任何朋友。小麗非常渴望有新朋友作伴。有天下午，一位六年級的學生阿菲約小麗一起出去玩。

兩個女生沒請假就偷偷離開學校，阿菲提議去幾條街外的姑媽家玩。她們到了阿菲的姑媽家敲門卻沒人回應。阿菲就提議要小麗從窗戶爬進屋去，說她們可以在屋內等姑媽回來。

這棟房子的屋主出外渡假，把鑰匙交給鄰居保管。鄰居看到有女孩從窗戶爬進屋裡，馬上打電話報警。這兩個小女孩進到屋子裡沒多久，警察就來了。

當警察問她們話時，阿菲才老實說她根本不認識屋

● 對這個故事中造成的錯誤與傷害，你認為該如何回應才算公平？

主。小麗是個從來沒犯過錯的好學生。阿菲則喜歡逃學，而且一直都是學校裡的問題學生。

半年前，阿菲曾經跟另一名女孩偷偷闖進別人的家裡偷竊，也被警察抓到。

運用所學技巧

1. 思考工具的步驟五能不能幫助你回應這個故事裡的錯誤與傷害？
2. 思考工具步驟六中有哪些重要的考量，可以應用在這個案例上？為什麼？
3. 說明你對這個故事所做的決定，是不是能達成「匡正正義」的目標？
   - 能不能修正錯誤或傷害。
   - 能不能預防造成錯誤與傷害的人，未來不會再犯類似的過錯。
   - 能不能嚇阻或制止其他的人，不致再造成類似的錯誤或傷害。

活用所知

1. 請同學們在社區裡找一個有關「匡正正義」的問題。然後，請教幾位社區人士的意見，他們認為該怎麼做比較正確。跟班上同學分享你的心得，並說明這些人所提供的建議和「匡正正義」的思考工具有沒有關連。

2. 請同學們畫四幅圖：第一幅表現一個錯誤或傷害，或兩者兼具；第二幅描述你的回應要如何修正錯誤或傷害；第三幅請畫出你的回應如何避免此人未來再犯。第四幅則說明你的回應如何嚇阻或制止其他的人犯類似的錯誤或傷害。畫好後，跟班上同學分享。

LESSON8

第八課 應用「匡正正義」的概念解決問題

本課目標

　　同學們已經了解如何檢驗錯誤及傷害，懂得如何為「匡正正義」問題找出公平適當的回應，同時也學到一套有助於我們作決定的思考工具。而在這一課中，同學們必須運用所學的技巧對社區裡一個「匡正正義」的問題做出決定。

　　上完這一課，同學們應該可以說明如何運用思考工具幫助我們為「匡正正義」問題做出公平適當的決定。

本課新名詞

模擬法庭辯論

參加模擬法庭辯論

對匡正正義問題進行評估、採取並捍衛所持的立場

　　這項練習要讓我們用以下「小喬和林先生的訴訟案件」的案例來檢驗匡正正義的問題。請同學們先熟讀以下內容，然後分組參加模擬法庭辯論活動。

法庭辯論

法律訴訟中，原告及被告各自提出說明的正式程序。

小喬和林先生的訴訟案件

　　小喬七歲、哥哥小丹八歲，林先生是他們的隔壁鄰居。兩個小男孩常常在林先生的房子、院子及車庫裡玩耍，他們還看過林先生在空地上燃燒落葉。當小喬和小丹問林先生可否幫忙燒落葉時，林先生回答：「不可以，你們倆要遠離火燭。」

　　有一天，林先生外出不在家，小喬和小丹兩兄弟拉開覆蓋在林先生車庫入口的帆布，自己跑進去玩。不一會兒，他們感覺天氣有點冷，小喬和小丹看見車庫角落裡有一個小小的烤肉架，決定生個小火來取暖。他們把烤肉架移到車庫入口的帆布附近，小喬堅持要小丹回家去拿火柴來，然後在院子中收集樹葉準備生火。

● 決定公平回應故事裡的錯誤及傷害時，必須考量哪些重要因素？

　　兩個小男孩生起了火，背對著火取暖，不久他們發現帆布著火了。兩兄弟手忙腳亂試著要撲滅火苗，可是火勢卻完全不受控制，從車庫一直延燒到屋子裡，總共導致了大約十萬元的財物損失。

　　小喬和小丹這兩個小孩的智力都屬中等，他們的父母平時都曾告誡過他們不能玩火或火柴。

模擬法庭辯論的準備工作（一）：分組並了解各組立場

　　請老師把班上同學分成三組，分別扮演法官、林先生的律師，以及小喬和小丹的律師。

■ 第一組：法官

　　法官必須聆聽雙方律師提出的所有論點，也可以向律師提出問題。在聽過雙方的陳述內容，考量過所有相關問題之後，必須對這個案件裡的錯誤與傷害做出公平適當的裁判。

■ 第二組：林先生的律師

　　這一組是擔任林先生的律師，所以要從林先生的觀點和立場來說話。你們必須說明事件的相關情形，回答法官的問題。最後，提出你們認為對這些錯誤與傷害最適宜的回應方式。

■ 第三組：小喬和小丹的律師

　　這一組是擔任小喬和小丹的律師，所以要從小喬和小丹的觀點和立場替他們說話，同樣的也必須說明事發當時的狀況，回答法官的問題。最後，提出你們認為對這些錯誤與傷害最適宜的回應方式。

● 在這個情況下，你對於如何公平回應錯誤與傷害的方式，有什麼看法呢？

模擬法庭辯論的準備工作（二）：各組的職責

■ 每一組必須事先熟悉「小喬與林先生的訴訟案件」的內容，以及自己所扮演的角色立場。請每位同學先完成的「解決匡正正義問題」思考工具表格。第一組的同學應該用該表格上的資料準備要向雙方律師提出的問題，律師的回答內容，應能幫助你們做出最後的決定。

■ 第二組和第三組的同學必須運用表格上的資料，準備要在法庭上提出的陳述內容，說明你們的案件當事人的立場。組員們必須全部參與準備工作。模擬法庭辯論開始進行時，每位組員都必須準備一份陳述。

● 法院必須考量哪些問題，才能確實對錯誤與傷害做出公正的回應？

法庭辯論的進行程序

　　為了進行模擬法庭的辯論，老師必須再次為全班分組。這一次，每組只有三位同學，也就是每組組成一個法庭，其中有一名是法官、一位是林先生的律師、一位是小

喬和小丹的律師。如此一來,每一位同學都能參加這項模擬法庭辯論活動,而每一個法庭都應該遵照以下的程序進行:

- 法官宣布開庭。
- 法官先請林先生的律師提出說明。過程中,法官可以隨時打斷律師的說明以提出問題。
- 如果法官打斷律師的陳述,提出問題,擔任林先生律師的同學要儘可能提供法官最好的答案。
- 法庭辯論中,律師只能對法官說話,這樣就可避免不必要的爭議。
- 接下來,由小喬和小丹的律師提出說明。法官也可以在任何時候打斷律師,提出問題。
- 如果法官打斷律師的陳述,提出問題,擔任小喬和小丹的律師的同學要儘可能提供法官最好的答案。
- 聽過雙方的陳述後,法官必須決定誰該為本案的錯誤與傷害負責任。
- 接下來,法官還必須決定採用哪一種方式才能公平的回應錯誤與傷害。
- 每位法官必須說明自己的判決,同時解釋自己的回應方式如何能夠修正、預防,並嚇阻類似的錯誤與傷害再度發生。

討論活動

1. 你同意法官們的判決嗎?為什麼?
2. 你有沒有更好的方式,可以回應故事中描述的錯誤與傷害?
3. 你認為這個問題的回應方式,能達成「匡正正義」的目標嗎?為什麼可以,或為什麼不行?
4. 檢驗問題及準備參加法院公聽會時,匡正正義的「思考工具」有什麼用處?

MEMO

第四單元：程序正義

●在這些插圖中，你能找到哪些有關「程序正義」的問題？

單元目標

　　這一單元的主題是「程序正義」，也就是蒐集資訊及作決定的程序也要講求公平。除了介紹一些解決「程序正義」問題的思考工具外，同時也會提供同學們練習運用這些思考工具的機會。

LESSON9

第九課　程序正義的目標

本課目標

在這一課中，我們會學到程序正義的目標、如何指出程序正義的問題，以及一些和解決這些難題有關的重要權利。最後，我們還會練習設法解決這些難題。

上完這一課，同學們應該能夠說明程序正義的意義與目標，並能在解決程序正義的問題時，考量各項重要的權利。

本課新名詞

程序　不偏袒　偏見　隱私

學習重點1

如何公平的蒐集資訊並做出決定

■「程序正義」是指用公平的方式蒐集資訊。

● 警方時常需要調查、蒐集嫌犯的資料，因此蒐集資訊的程序十分重要。

● 用這種方式蒐集資訊公平嗎？

■ 「程序正義」同時也意味著公平的作決定。

法院用來蒐集資訊和作決定的程序非常重要。以下是法院程序之中最重要的一些實例：

- 人們有權利陳述自己的主張
- 人們有權利請朋友或律師幫忙陳述自己的主張
- 人們有權利提出對自己有利的證人或證據
- 人們有權利質疑對自己不利的證人或證據
- 人們有權利要求公正不偏袒的法官及陪審團

　　不只有警察和法院必須蒐集資訊和作決定，包括各種教育委員會、縣市議會、總統、立法院等，也都必須時常蒐集資訊來做出各種決定。「程序正義」在個人生活、家庭，以及學校中非常重要。現在就讓我們從以下幾個問題，了解「程序正義」的重要性。

● 法院蒐集資訊和作決定的方式，公不公平？

LESSON9

確認有哪些程序正義的問題

以下的每個情況，都和採用適當程序蒐集資訊和作決定的難題有關。請同學仔細閱讀每個情況的內容後，分組回答《運用所學技巧》的問題。

1 小玫認為班上有人拿走了她的收音機。下課時，全班都被集合到操場上，讓小玫單獨回教室搜查每位同學的課桌抽屜。

2 杜校長知道今天早晨有幾個男生把學校的圖書館內弄得亂七八糟。於是，他把四名學生叫到辦公室裡，一個一個質問。其中三名學生坦白承認，只有小柏不敢回答。有一位學生說小柏並沒跟他們在一起。校長問：「這是真的嗎？」小柏點頭表示：「真的。」校長就讓他回教室。

3 警察因懷疑小傑涉及綁架案而逮捕了他。小傑的律師要求組成一個陪審團 [2]。法庭從一百個人當中選出十二位候選人之後，小傑的律師還一一詢問這十二個人，她可以拒絕接受對小傑有偏見的人擔任陪審員。

● 校長用來蒐集資訊以做出決定的方式公不公平？為什麼？

註[2]：陪審團為美國的司法制度，我國司法無陪審團制度。

運用所學技巧

1. 上述的每個情況裡，人們必須蒐集的資訊或必須做的決定是什麼？
2. 上述情況裡的人做事公不公平？

學習重點2

程序正義的目標

程序正義有三項重要的目標：

一、增加獲得所需要的資訊的機會，以便做出公平又明智的決定。

二、確保公平、有智慧的運用資訊來作決定。

三、保護人們應有的各項重要權利（例如，人權）。

有時為了達成前面兩項目標，人們會無法顧及最後一項目標——保護人們應有的各項重要權利。

假設警察知道有失竊的財物被藏在附近，但無法確實知道究竟是藏在哪一家的房子裡面。如果警察可以完全不管屋主同不同意，就強行進入搜索任何一間房子的話，那麼……

■ 這種做法能不能夠增加他們找到被竊財物的機會？

■ 這樣的做法會不會侵犯到這一帶居民哪些重要的權利？

只要人們能得到他們想要的資訊，我們為什麼還要擔心他們是用什麼方法得到的呢？只要人們能做出必要的決定，我們為什麼還要擔心他們是如何做出決定的呢？因為，我們的制度讓職位高的人擁有較大的權力，他們做的決定，會深深影響我們的生命財產安全。所以，我們又必須用法律來限制他們的權力，以及他們使用權力的方式，也就是要確立一些規則來保障我們自己的權利，包括：

■ 隱私權

■ 自由權

■ 人性尊嚴

LESSON9

指出故事裡的程序正義問題

在上一回的故事裡，小柯學到如何公平的修正錯誤與傷害。在「小柯學正義（四）」，我們看看他如何解決「程序正義」問題。請同學閱讀以下的故事，然後分組檢視和討論故事內容，並回答《仔細想想》的問題

小柯學正義（四）

小柯翻到《正義大全》最後一章，標題是「公平的蒐集資訊和作決定的方式」。

「這個標題可真長啊，」小柯想：「這一章的內容跟大家期待一位警長應該怎麼做事有關，我還記得以前我當警長的時候……」

小柯對那時發生的事仍記憶猶新。有天，他把正要進城的小席攔下來，因為他看到小席扛著一袋錢，袋子上還清清楚楚的印有銀行的標章。小席堅持這是他在路上發現的，正要送去還給銀行，小柯當然不信。

小柯指著那一袋錢說：「我有那麼笨嗎？誰會相信這樣的說法！那袋錢就是我要的證據。」

「我要把你關進牢裡！」小柯兇巴巴對小席說：「除非你肯承認偷了這些錢，否則我不會供應你任何的食物或水。」

小席的太太小薇趕到監獄，她要弄清楚小柯為什麼逮捕她的丈夫，更想知道小柯對他丈夫所的說話有沒有加以查證。

「為什麼要查證？那袋錢就是最好的證明。」小柯這樣回答。

● 故事中，小柯蒐集資訊的方式公不公平？

於是，小薇決定自己進行求證。首先，她去找銀行經理。

「賓先生，今天有沒有人來搶銀行？」

賓先生說：「沒有呀！但我們確實是短少了一袋錢，有可能是載運的途中從運貨的馬車上掉下來，我們猜想應該是掉在路上，我們正在拼命找呢！」

接下來，小薇去找了一位鄰居，來證明她先生當時正朝回家的方向走。鄰居說他看到小席撿起什麼東西，然後轉往城裡的方向去。

當小柯把小席帶到法官面前時，小柯嚇了一大跳，因為法官看起來非常生氣。

法官說：「小柯你應該把事情查明清楚，不能只靠一些薄弱的證據就把人抓起來。」

直到現在，小柯還記得小薇教他的這一課。

這時，小柯決定暫時把書本放下，先去散散步。他在公園附近碰到一個鎮民，鎮民問小柯今晚要不要去參加鎮民大會。小柯驚訝的問：「為什麼要開會？發生了什麼事嗎？」

鎮民回答：「鎮長只說去了就知道。」

當晚，鎮長宣布會議開始。鎮長提到：「我們的小鎮位在沙漠地帶，用水一向不足，我們需要興建一座水壩。目前有兩家公司正在爭取這項工程，各位鎮民必須決定哪家公司能夠得到這項工程的興建工作。水壩是用我們納稅人的錢蓋的，請大家發表意見。艾先生，你先說。」

這時，一位女士站起來，她要求代替艾先生發言，因為艾先生的語言表達能力有點兒弱。

鎮長回答：「這不太好吧！每個人都必須親自說明自己的想法。」

● 不讓艾先生的朋友代替他發言，這種作法公平嗎？

　　鎮長沒有允許那位女士代替艾先生發言的請求。他說：「艾先生，請表示你的意見。」

　　艾先生說了一番話，可是沒人聽得懂。小柯站起來抗議，他認為鎮長的做法，對鎮民或艾先生而言都是不公平的，但鎮長根本不理會小柯的抗議。

　　鎮長接著宣布：「現在，讓我們聽鍾先生發言。」鍾先生是鎮長的哥哥。

　　鍾先生說完他的想法後，鎮長要求參加鎮民大會的人表決，支持鍾先生所提出的那個計畫。

　　這時小柯又開口說話了：「嘿，等等！我們剛剛才聽到要蓋水壩這件事，根本還沒有時間了解問題，或是為會議的內容做準備。」

　　「抱歉！小柯，我必須制止你擾亂會場秩序。誰贊成鍾先生的計畫？」鎮長問大家。

　　有些人舉起手，但大部分的人都沒有參與表決。

　　鎮長宣布：「鍾先生的計畫通過！今天會議到此結束。」

　　小柯對著群眾說：「這才叫不公平！」然後他繼續大喊：「鎮長，我想有本書你應該看一看。」

仔細討論

1. 小柯蒐集資訊的方式，哪裡不公平？
2. 怎樣蒐集資訊才算公平？
3. 鎮長在鎮民大會上作決定的方式，為什麼不公平？
4. 怎樣作決定才算公平？
5. 請列出小柯學到哪些公平蒐集資料及作決定的觀念。

活用所知

1. 找找看電視上有沒有關於警察、法官或私家偵探的報導。請寫下他們是如何蒐集資訊和作決定的，檢查看看他們有沒有用公平的方式？有沒有保障重要的人權？有沒有違反或侵犯重要的人權？請加以說明。

2. 為「小柯學正義」的故事編寫出一個屬於你自己版本的結局，內容需描述小柯如何說服鎮長以公平方式研究事情、做出決定。

MEMO

第十課　程序正義的基本概念

本課目標

　　在這一課，我們會學到一些能協助解決程序正義問題的「思考工具」。這些工具除了可以檢查蒐集資訊及作決定的方式外，還能幫助我們決定這樣的程序公不公平，能不能保障重要的人權。

　　上完這一課，同學們應能說明如何使用「思考工具」解決程序正義問題。

本課新名詞

可預測　專制暴行

學習重點

解決程序正義的問題的思考工具

　　我們如何認定人們蒐集資訊，以及作決定的方式是不是公平？以下的幾個步驟有助於我們做出判斷。

　　每個步驟都附有問題和假設情況，以便我們了解這些問題後並加以運用。

 1 找出必要的資訊或必須做的決定

■ 需要什麼資訊？為什麼需要？必須做什麼決定？
　☑ 校長需要關於操場設備的各種資訊，好幫助她決定學校還需要增加哪些設備。

② 檢驗蒐集資訊的方式

■ 蒐集到的資訊是不是夠「完整」?是不是已經蒐集到所有必要的資訊,足夠幫助我們做出公平智慧的決定了嗎?會受到決定影響的人,有沒有機會表達自己的想法和意見呢?

　　☑ 校長想為操場採購新設備,她和好幾家製造商談過,想知道價格、安全性、使用年限等。並且決定召開會議,讓學生、家長跟老師都能表達他們的意見。

● 校長蒐集資訊和作決定的方式是否公平?

■ 蒐集到的資訊是不是「可靠」?有沒有方法可以確定?

　　☑ 校長詢問採購過類似設備的其他學校,想確定這些設備的性能是不是真的像商品目錄上介紹的一樣。

■ 每位相關人士是不是都有收到「通知」?這些人是不是事先知道有人在蒐集資訊或作決定?有沒有給他們足夠的時間準備、說明?

　　☑ 開會前兩週,校長通知每位與會人士開會的時間和地點,並把開會訊息張貼在大家都看得到的地方。

■ 說明是否「有效」?需要別人幫他表達意見和想法的人,能不能找人幫他發言?

　　☑ 校長知道有些參與會議的家長不太會說國語,特別安排一些人員在場幫忙溝通翻譯。

■ 進行的程序是否事先「可預測」?人們知道可以運用哪些程序,不能運用哪些程序嗎?

　　☑ 會議開始前,校長跟大家宣布:每一個人都有機會發言,也可以提出問題,並參與舉手表決。由於校長沿用的是過去開會的程序,所以大家都能了解該如何進行。

③·檢驗用來作決定的方式

■ 相關人士的態度是不是公正不偏袒任何一方
呢？蒐集資訊或作決定的人對這件事有沒有
偏見？

☑ 校長發現有些設備是國外製造的，但她
認為只要是好設備都應該列入考慮。

■ 作決定的程序需不需要公開？其他人如果關
心這件事或是覺得有興趣，有沒有機會能參
與了解人們如何蒐集資訊及作決定呢？

☑ 校長不但公開會議，讓每個人都可以參
加，甚至還邀請報社的記者來報導此次
會議。

■ 做出決定後，有沒有方法可以發現並修正
錯誤？

☑ 投票後，校長指派了一個委員會審查決
議，以確定大家的決定正確可行。

● 為什麼人們事先知道會議進行的程序
很重要？

● 人們有機會了解為什麼需要蒐集資訊及作決定嗎？

● 程序正義如何幫我們發現並修正錯誤？

 **考量其他重要的權利**

■ **採用的程序是否保障個人的隱私與自由？**

☑ 參與會議的每個人都有權利表達他們的觀點和意見。而有一家設備製造商提出要求：由於某些資訊是商業機密，希望不要對外公開。

■ **有沒有尊重相關人士的人性尊嚴？人們有沒有被視為有價值、值得尊重？**

☑ 校長使每一位與會人士都覺得自己的意見和想法是有價值的。

決定程序是否公平

■ **採用的程序是不是符合程序正義的目標？**

以校長在會議中採用的程序作為範例：

☑ 是不是確實處理了所有重要的問題？
☑ 是不是蒐集到所有必要的資訊？
☑ 是不是公平明智的使用蒐集來的資訊做出決定？
☑ 有沒有確實保障重要的權利？

你認為校長還有什麼做法需要改善，才能更符合「程序正義」的目標？

運用所學技巧

1. 校長蒐集資訊和作決定的方式，公不公平？
2. 你認為校長蒐集資訊和作決定的方式，還有沒有什麼地方需要改進？

指出故事中蒐集資訊和作決定採用的程序是否公平

　　「李本翰的審判」是發生在十七世紀英國的一個真實故事。故事的內容有助於我們了解「程序正義」的重要性。請同學們閱讀，然後分組討論和填寫「解決程序正義問題」的思考工具表格，然後回答《運用所學技巧》的問題。

李本翰的審判

　　十七世紀的英國倫敦，英國國王設立了一個特別法庭，稱為「星辰法庭」。「星辰法庭」是由國王直接指派皇家大臣來擔任法官，任何人不管有沒有犯罪的嫌疑，都可能被叫到「星辰法庭」接受審訊。

● 你認為星辰法庭審理案件的程序應如何改善？為什麼？

　　通常被叫去「星辰法庭」應訊的人並不曉得自己做錯了什麼事情，整個審訊過程也都是秘密進行。在審判中，法官會誘導嫌犯自己透露一些可能有關犯

罪的訊息，如果嫌犯沒有說出法官希望他們說的話，就會被嚴刑拷打，逼迫他們講出法官想要的回答。

李本翰是一個清教徒。由於清教徒不贊成當時掌權的英國國教教會裡的一些做事方法，所以自己設立教堂。這樣的舉動非常不受歡迎，更引發執政當局極大的不滿。而李本翰那時正好又寫了一本書，書中的內容讓英國國教教會的官員很不高興。

西元一六三七年「星辰法庭」要求李本翰出庭應訊。法官並沒有說明理由，也沒有指控李本翰任何罪名。

李本翰要求自己應該以一般法庭，而不是「星辰法庭」的開庭方式接受訊問，同時要求享有下列各項權利：

● 法院必須發起訴通知書給他。
● 他有權利請一位律師在應訊時協助他。
● 他有權利請對他有利的證人出庭為他作證。
● 他可以質問對他提出不利證詞的證人。
● 法庭不能強迫他提供對自己不利的資訊。

專制暴行

濫用權力，殘酷的侵害人權的行為。

然而，「星辰法庭」拒絕讓李本翰享有這些權利。

● 你認為怎樣的審理程序，才能確保被審判的人們受到公平對待？

　　李本翰因此拒絕回答法官提出的任何問題。於是，法庭就罰他錢，想強迫他回答，但是他仍然堅持拒絕回答任何問題。所以，法官派人將李本翰綁在推車上加以鞭打，他依然拒絕回答任何問題。法庭又將他關在圍欄裡，並放在廣場上示眾羞辱他。李本翰向每個路過的人控訴英國國教的專制暴行，由於他一直控訴不肯停止，法庭就派人塞住他的嘴巴，鎖上手銬腳鐐送進監牢裡，整整十天不提供他任何食物。

　　李本翰出獄後，英國國會表決，認為「星辰法庭」對待李本翰的方式是不合法的，要求英國國教教會賠償他所受的損失，同時也投票表決，永久廢除「星辰法庭」。

運用所學技巧

1. 生活中，有沒有需要蒐集資訊或作決定的情形？如果有，在這些情況中，怎樣做才算公平？
2. 如果一個國家的政府官員蒐集資訊及作決定的方式不公平，可能會發生怎樣的情形？

活用所知

1. 訪問一位了解縣（市）政府如何運作的人。這個人可以是警察、法官、或縣（市）議員。請教他縣（市）政府如何蒐集資訊及作決定，如何保障隱私、意見表達自由，以及受公平對待等重要權利。

2. 畫張海報表達你希望學校如何蒐集資訊及做出決定，並將海報內容寫一張簡短說明。

解決程序正義問題的思考工具	
1. 確認需要什麼資訊，必須做什麼決定？ ● 必須蒐集哪些資訊？ ● 為什麼需要這些資訊？ ● 必須做出什麼決定？	
2. 檢驗蒐集資訊的方式？ ● 完整嗎？所有做決定必須的資訊都是不是已蒐集完整？可能受決定影響的人是不是都有機會表達自己的想法和意見？ ● 可靠嗎？蒐集到的訊息是否真實，有沒有方法查證？ ● 有沒有通知有關的人？在蒐集資訊或做出決定前，人們事先是否知情？ ● 陳述有效嗎？需要表達想法或意見的人，有沒有權利請別人代表他發言？ ● 程序的進行可預測嗎？是不是大家都熟悉運作的程序？	
3. 檢驗作決定的方式？ ● 是不是公正不偏袒？作決定的人有沒有心存偏見？ ● 過程是不是公開？有興趣的人有沒有機會了解蒐集資訊及作決定的過程？ ● 能不能發現並修正錯誤？做出決定之後，有沒有方法發現並修正錯誤？	
4. 考量其他重要權利 ● 隱私與自由：程序是否保障個人的隱私與自由？ ● 人性尊嚴：人們是否被尊重？	
5. 決定程序公不公平？有沒有達成程序正義的目標？ ● 是不是確實處理了所有重要的問題？ ● 蒐集到必要資訊的機會有沒有因此增加？ ● 能不能確保在作決定時，資訊受到正確公平的使用？ ● 有沒有保障重要的權利？ ● 還有沒有需要改善的地方？為什麼？	

第十一課　應用「程序正義」的概念解決問題

本課目標

　　同學們已經學到如何檢驗「程序正義」的問題。這一課中我們將運用技巧，決定應該為「程序正義」問題採取哪一種立場，並堅持這個立場。

　　上完這一課，同學們將能說明如何使用「思考工具」，公平的蒐集資訊並作決定。

本課新名詞

少年法庭　程序上的權利　少年觀護所　猥褻
美國聯邦最高法院　州議員

參加立法公聽會

對程序正義問題進行評估、採取並捍衛自己的立場

　　美國早期，青少年如果犯了法，必須與成年人接受一樣的刑罰。西元一八九九年美國政府創立少年法庭，目的是為了保護青少年，給他們更公平的待遇。

　　少年法庭剛成立時，有些事情還在學習之中。例如，應該採用什麼樣的調查、審判程序？青少年跟成年人的權利到底該不該相等？這一類的問題，有些人認為應該相等，有些人卻不贊同。

少年法庭
為十八歲以下少年
所設的法庭。

● 被控犯罪的青少年審判程序應與成年人相同嗎？為什麼？

　　即使到了今天，人們對這些問題仍然有不同的意見。有許多人認為既然青少年在少年法庭可受到特殊的待遇，他們在程序上的權利就不必一定要跟成人的權利相同。

　　在這一課的練習中，同學們要在班上舉辦一個立法公聽會的活動。幾位立法委員在了解「高傑若案」之後，對蒐集資訊及作決定的程序十分關心。

　　舉辦這個公聽會的目的，是要決定對觸法的青少年應用哪一種訴訟上的權利。在了解不同立場的意見之後，立法委員必須決定是不是要將這些建議制定成法律。

　　請同學閱讀以下的故事，指出其中必須面對哪些程序正義的問題。

高傑若案

　　警察最近很留意高傑若的行蹤，懷疑他可能牽涉某項犯罪，警察認為他可能又惹上麻煩了。

　　六月八日，社區裡的鄰居辜太太向警方報案，她說接到兩個男孩打來的猥褻電話，辜太太懷疑是高傑若和榮恩。於是，警長逮捕了年僅十五歲的高傑若跟他的朋友榮恩，隨後就把他們移送到有關當局用來拘留涉嫌觸法的青少年的地方──少年觀護所。

少年觀護所
法院留置少年犯或少年嫌疑犯的機構。

　　齊警官負責管理這間少年觀護所。他問過這兩個男孩，兩個人都把責任推到別人身上，說色情電話是對方打的。

　　高傑若的父母當時正在上班，警察在進行逮捕時，並沒有通知他們高傑若被抓走的事。事後，警方也沒有任何人打電話告訴他們高傑若被抓的事情。

　　高傑若的母親下班回家時，找不到人，也不知道他到那兒去了，只好叫另一個兒子去榮恩家找傑若，才知道傑若被拘留在觀護所裡，高傑若的父母立即開車前往觀護所探視。

齊警官跟高太太說明高傑若被拘留的原因，並指出明天少年法庭要為高傑若的案子開庭。

第二天，高太太跟高傑若都來到少年法庭，但是沒有律師代理高傑若，而且提出告訴的辜太太也沒出現。在法庭上，沒人要求他們發誓說實話，也沒有人記錄法庭中的所有發言。所以，後來大家對開庭當時每個人發言的內容說法不一、眾說紛紜。

開庭時，法官訊問高傑若那通猥褻電話是怎麼回事？可是事後高太太和齊警官對傑若的供詞內容說法不同。高太太說傑若承認有打電話給辜太太，但後來就把電話交給榮恩了。齊警官則表示傑若承認跟辜太太說了些不三不四的話，他說傑若顯然是個少年犯，並建議法官把他留置在少年觀護所。

開庭後，高傑若被帶回少年觀護所，六月十二日才獲得釋放。沒有人對他被關多日或獲得釋放的原因，做出任何說明或解釋。

同一天，高太太接到齊警官寄來的一份通知，這份通知並不是法院的正式公文，而且上面只是簡單寫著：「高太太，麥法官定於六月十五日星期一早上十一點，為高傑若的違法行為開庭。」

六月十五日的開庭，高傑若和他的父母、榮恩和他的父親都出席了，齊警官也在場。高太太要求法官請辜太太出庭指認，法官表示辜太太沒有必要出庭。

　　一位假釋官提出一份報告，報告上把起訴的罪名定為打「**猥褻**」電話。高太太並沒有收到這份報告，而且跟上次開庭時一樣，沒有人要求他們發誓說真話，也沒有人為開庭的發言內容做任何的紀錄。

　　最後，法官判高傑若必須進入州立少年矯正學校服刑，直到二十一歲。高家父母隨後向**美國聯邦最高法院**提起上訴。

猥褻
與性有關的下流言語或行為。

美國聯邦最高法院
美國最高層級的法院，專門處理跟憲法有關的案件。

州議員
由美國各州人民選出，負責制定該州法律的民意代表。

參加立法公聽會的準備工作（一）：分組並了解各組立場

　　請老師把班上同學分組。其中一組扮演州議員，其他各組則扮演與這個案子相關的民眾。

■ 第一組：州議員
　　你們這一組想制定一套法律，公平合理的處理少年犯的審理程序。

■ 第二組：青少年人權團體
　　你們這一組認為青少年罪犯應該在訴訟程序上跟成年人享有同樣的權利。

■ 第三組：贊成嚴格立法的市民團體
　　你們認為少年犯的訴訟程序不應享有任何優惠權利。青少年犯罪也是社會問題，有關當局應該迅速處理這些問題。

■ 第四組：贊成加強法律執行的民眾
　　你們反對提供少年犯特權，認為提供青少年更多訴訟程序上的權利，只會增加執法的困難。

■ 第五組：青少年人權律師

你們希望少年犯有請律師的權利，同時也贊同提供少年犯更多訴訟程序上的權利。

參加立法公聽會的準備工作（二）：各組的職責

準備參加公聽會時，每一組必須決定是否要主張保護青少年在任何程序上的權利。

每一組必須先熟悉自己所需扮演的角色與立場，同時請老師說明並參考美國憲法上關於保護程序上的權利的規定，尤其是第四、五、六、八，及十四增修條文。然後請各組填寫「解決程序正義問題」的思考工具表格。這個表格有助於我們形成要在立法公聽會提出的意見 [3]。

■ 第一組

負責主持公聽會。職責如下：
● 推派一人擔任主席，主持會議
● 記錄其他各組的意見與主張
● 向其他組提出問題
● 擬訂要交給州立法機構的法律草案

■ 第二至五組

各組都應該準備簡短的聲明，每組推派一位發言人，負責對參加會議的人說明你們的主張和想法。

每位組員都要準備回答州議員所提出的問題。

註【3】：高傑若案為美國發生之真實案例改編而成，與該案件相關的是＜美國憲法＞第4、5、6、8、14增修條文。並可延伸對照＜中華民國憲法＞第8條、＜世界人權宣言＞第7、10、11條，以及＜公民與政治權利國際公約＞第9、10、14條。

立法公聽會的進行程序

- 第一組推派的主席宣布公聽會開始。接著,請每組代表陳述各組的想法和意見。
- 在每組代表都完成陳述內容後,所有出席者都可以對各組所提出的想法進行討論。第一組應該將其中最好的建議做成紀錄。
- 公聽會結束前,班上應該針對哪些主張可以納入法律提案進行表決。由第一組負責將這份法律提案寫出來,供班上同學傳閱參考。

討論活動

1. 你同意這場立法公聽會討論出來的法律提案嗎?為什麼?如果不同意,你會如何改寫這份提案?
2. 說明你的提案將如何達成程序正義的目標。還有沒有其他的方法可以處理這項議題?
3. 程序正義的思考工具如何幫助你形成參加這次公聽會所需的概念?